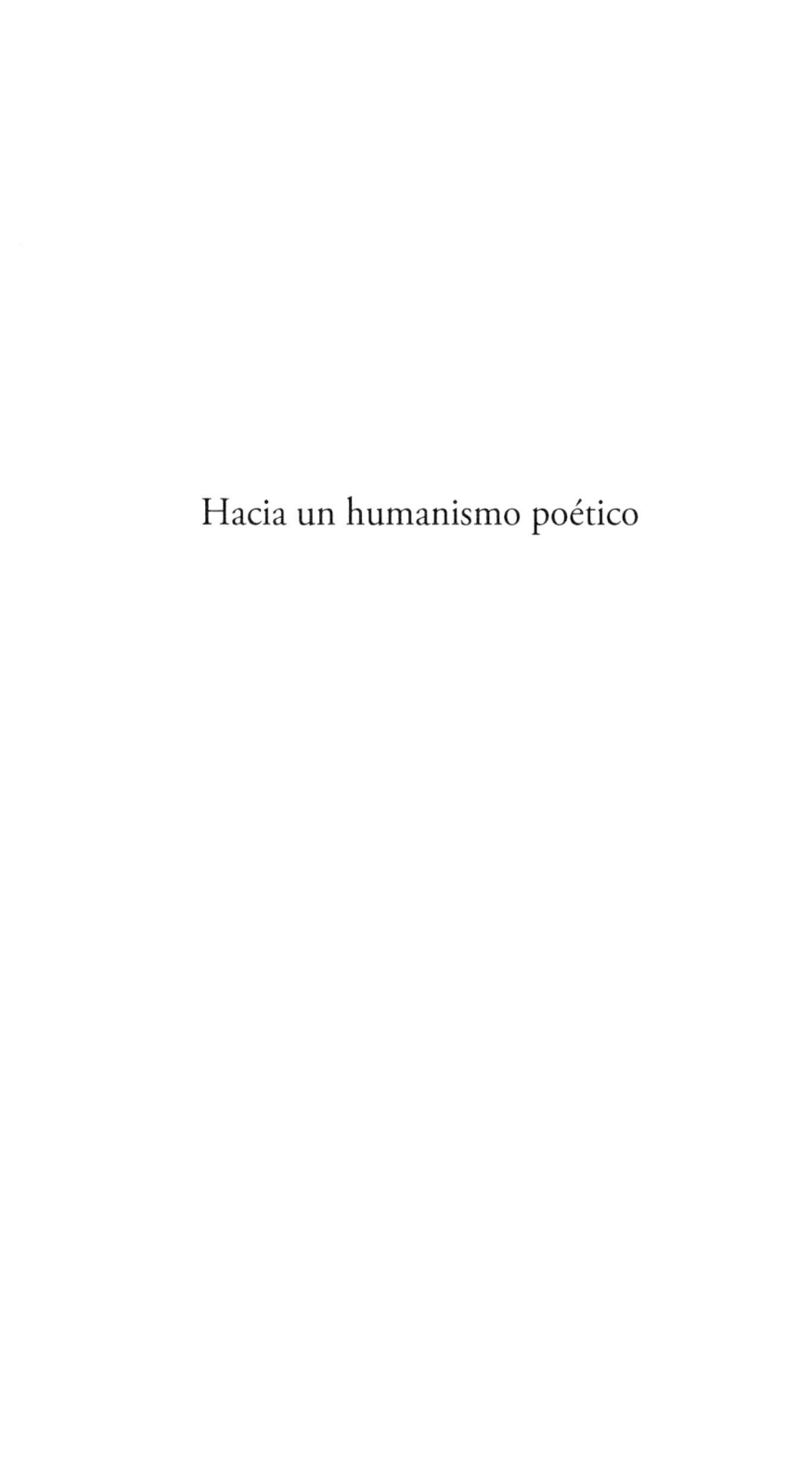

Hacia un humanismo poético

Fernando Gil Villa

Hacia un humanismo poético

Repensando a Levinas en el siglo XXI

Diseño y maquetación portada y contraportada: Carlos López Gonzalo
Diseño y maquetación texto: Agustín Herrero Aparicio

Edita: RIOPIEDRAS EDICIONES
Parque, 41 - 50007 ZARAGOZA (España)
Tel. (34) 976 272 907
E-mail: riopiedras@certeza.com
www.hebraica.biz

ISBN: 978-84-7213-198-9
Dep. Legal: Z 1421-2021

Imprime: Podiprint

A la memoria de Zygmunt Bauman y Keith Tester

Le moi, de pied en cap, jusqu'il à la moelle des os, est vulnerabilité.

E. Levinas

Índicc

Introducción

DEBIDO A LA ESPECIALIZACIÓN FUNCIONAL, en lo que atañe a las ciencias, se puede tener la impresión de que la moralidad es un asunto, sobre todo, de filósofos. Sin embargo, en el siglo XIX y principios del XX, los sociólogos clásicos trataron temas morales, una tendencia retomada en la actualidad por autores como Zygmunt Bauman. Parece obvia la necesidad de considerar la evolución cultural de las normas que rigen el comportamiento individual y colectivo, las razones y las circunstancias por las que se obedecen más o menos, entre las que se encuentra el valor de la autonomía y sus grados, la idea de libertad y responsabilidad, o la idea de subjetividad. Todos estos conceptos forman los pilares de nuestra cultura moral y se ven sometidos a una constante transformación que hay que analizar para comprender el estado de cosas actual de la ética.

El imperio de la razón ha trenzado con sus racionalidades un progreso que ha llevado a la humanidad a cuotas de supervivencia colectiva insólitas en su historia. Pero ha tenido que pagar un alto precio ético para conseguirlo, como lo demuestran las víctimas de los grandes genocidios del siglo pasado o la grave desigualdad social y la crisis ecológica a las que nos enfrentamos en la primera mitad del siglo XXI. Zygumunt Bauman intentó desarrollar esa idea tendiendo un puente sociológico con la filosofía de Enmanuel Levinas. A ambos les unía una identidad marcada por la persecución violenta. Ambos judíos fueron testigos del Holocausto. Ambos pudieron usar esa experiencia para pensar en los motivos que llevan a algunos seres humanos a hacer daño a sus semejantes o a permanecer ajenos a su sufrimiento.

El pensamiento es uno de ellos. La forma de pensar que se impone culturalmente y comparten los pueblos de occidente, su filosofía, tiene mucho que ver con la indiferencia hacia el prójimo. Enmanuel Levinas ha sido, probablemente, el pensador que más profundamente ha logrado comprender y sentir esto al mismo tiempo, volcándolo en una obra coherente pero abierta. Comprender y sentir a la vez significa pensar y escribir fuera del modelo de investigación científica que impera en nuestra época. Al mismo tiempo, supone escapar a la idea de obra cerrada y obsesionada con la coherencia.

Si lo cortés no quita lo valiente, la coherencia no está reñida con el enigma. Esto genera la libertad para interpretar y la posibilidad de «sentir» la necesidad de continuar la obra. Se puede concebir así una obra como algo inacabado, que se ofrece a la posteridad para su continuidad. Y se puede hablar, por consiguiente, de la responsabilidad de los autores de generaciones posteriores, entre los que me quiero encontrar, de continuarla, de re-mitificarla. La obra de Levinas no es un sistema de pensamiento que pueda explicarse en lecciones con conclusiones que se van superando en la argumentación. Y sin embargo, uno tiene la impresión de que las verdades que puede contener esa obra son mucho más claras que las que presentan otras obras y trayectorias basadas en el modelo de sistema cerrado, destinado a autorreproducirse, asentado en la evaluación constante del rendimiento de sus partes.

Cierre o apertura. He ahí la cuestión. El objetivo es simple: cómo salir del Yo, como ser consciente del Otro sin comprenderlo, comprehenderlo, dominarlo. Y a renglón seguido, lógicamente: ¿cómo comparar los incomparables sin alienar los rostros? (2011b: 253). Una obsesión: la exterioridad. Lógica en quien ha sido confinado cinco años en un campo de concentración. Pero lógica también en un sujeto moderno cuya espada de Damocles es ahogarse, como Narciso, en el charco de su propio yo, reconvertido en océano. Sobre todo, una vez que llegamos a la era de la globalización, y el mundo como extensión del yo puede por fin acariciarse como una totalidad soñada hace siglos.

Un objetivo, una obsesión…, y un estilo en consonancia. La reflexión avanza con pies de plomo: ¿Hablamos de tal cosa? Pues entonces yo digo que ni esto ni lo otro. La estructura «Ni/ni» puede ser producto de esnobismo intelectual o postura impostada de quien juega a ser filósofo posmoderno. En el caso de Levinas no es ninguna de esas dos cosas: es el único estilo razonable para alcanzar un humanismo basado en el Otro, para rebajar el egoísmo y la desilusión. Es el estilo que le sale de dentro, el único estilo posible de una filosofía que nace como huida hacia adelante, huida de vida, vida como huida de la persecución. Quien persigue es el egipcio o el nazi, pero también, hoy en día, el vecino, sin que uno lo haya provocado por ser especialmente rico ni bello. Más aún, la persecución se transforma como categoría. Se diversifica y se extiende, deja de ser un fenómeno grupal, la clásica persecución de los pueblos, y se disgrega en un acoso que se filtra en todos los ámbitos de la vida social –trabajo, escuela, vecindario, redes–. Pero hay más. No solo persiguen las personas. Persiguen también las ideas, que suelen atacar a pares, de manera que Levinas tiene que aprender a zafarse de las mismas con un doble golpe. No siempre. A veces, vendrá primero una, la más fuerte, sin su antagonista, y con tal prepotencia que se tendrá la tentación de invertirla. Tentación de la *hibris* política que Levinas tendrá que superar si no quiere reproducir la injusticia social causada por la reversibilidad de la jerarquías. Tentación de superar los opuestos en su síntesis recualificadora. Tentación de hacer de una filosofía radical una filosofía política revolucionaria, más o menos afín al marxismo. Tentación de hacerla filosofía mesiánica, una nueva religión con notas de otras religiones, especialmente la judía. Y tentación de evitar esas tentaciones rechazando de plano las ideologías políticas alternativas o el concepto de mesianismo.

Max Weber distinguió la ética de la convicción –*Gesinnungsethisch*–, propia del terreno religioso, de la ética de la responsabilidad –*Verantwortungsethisch*–, propia de la política (1981: 163). En ese caso, Levinas se inclina más por la primera, pero no absolutamente. De hecho, su fuente religiosa es el judaísmo, no el Nuevo Testamento usado por Weber en su disertación. Pero sí que coincide su propuesta ética con la ética de la convicción en la idea central de negar la lógica de la reciprocidad en las relaciones sociales, la cual da lugar a la responsabilidad en términos jurídicos. Es interesante destacar aquí cómo en la tarde de la modernidad –tardomodernidad– en la que supuestamente nos encontraríamos, la lógica política se ha impuesto como gen dominante en el resto del sistema social, como lo prueba su judicialización, y por extensión, la judicialización de la vida privada, de tal forma que las relaciones afectivas quedan encorsetadas en asientos contables. Este balance no favorece la relación ética, a la que otorga Levinas un significado opuesto al que toma el marco jurídico. Ese desequilibrio da idea, como en otros tantos casos que podremos ir observando en estas páginas, de la necesidad urgente de poner al día el trabajo de Levinas. Es curiosamente la renuncia a la reciprocidad lo que provoca en Levinas la obsesión por el prójimo. De ahí extrae la verdadera sustancia de la subjetividad, la cual dista mucho del concepto de subjetividad que subyace en la tradición moderna, uno que se las ha arreglado para rodearse de una leyenda de víctima hasta lograr que la objetividad la adoptara como una hija más.

Para leer a Levinas, por tanto, hay que desaprender o poner en suspenso no solo los pre-conceptos sino buena parte de los conceptos con los que operamos. Si además queremos repensarlo, es decir, situar esa lectura en nuestro tiempo, o más propiamente, en un contexto cambiante, donde los nuevos conceptos tiemblan con las mudanzas culturales, o si se quiere, donde deben interpretarse como «seres vivos», entonces, el reto es doble. Pero vale la pena, puesto que al final tendremos la impresión de haber logrado una visión más equilibrada del mundo, lo que puede ayudarnos a salvarlo en este siglo decisivo.

Porque el «Ni/ni» de Levinas no es otra cosa que equilibrio. La supervivencia que late en el fondo de su vida y obra, ¿qué otra cosa podría ser que arte de funambulismo? Por eso, si bien está justificado que Bauman tilde de radical la propuesta ética de la responsabilidad de Levinas, basándose en su paradójica concepción de la libertad, también tendremos la oportunidad de comprobar que se rige al mismo tiempo por el criterio central del equilibrio. Equilibrio, fundamental, entre heteronomía y la autonomía. ¿Qué significa el uno-para-el-otro? Respuesta: estar en contacto. Matiz: «no se trata ni de investir al otro para anular su alteridad ni tampoco de suprimirse en el otro» (1999: 147).

Equilibrio también entre el pasado y el futuro –apuesta por la diacronía–, entre la subjetividad y la objetividad, entre la palabra del maestro y la palabra múltiple del grupo de alumnos.

Aviso para navegantes. En ocasiones se puede tener la sensación de que, de la mano de Levinas, avanzamos por un campo de minas con los ojos cerrados. Pero avanzamos. Sabemos que avanzamos. Hay alegría contenida en el avance lento y silencioso. Hay aventura, aunque no es un juego divertido porque sabemos que nos la estamos jugando.

¿Cómo se orienta uno en el campo de minas que ha sembrado el pensamiento occidental? Con el conocimiento, con la intuición, con la sensibilidad, con la imaginación, con todo ello y más. Levinas logra su obra sirviéndose de fuentes de todo tipo, desde las experiencias vitales hasta las lecturas religiosas o literarias, la contemplación de obras de arte o la imaginación literaria. Si para él un escritor como Marcel Proust es un «poeta de lo social» del que aprende parte del «misterio» que significa el Otro, él mismo está dotado de una sensibilidad poética que se refleja de alguna manera en su forma de escribir poco académica, poco expositiva, con frases que rompen y sorprenden el ritmo del pensamiento, con el uso de metáforas tales como el rostro, el hambre, la desnudez, la herida, sobre las que va construyendo su obra como una araña filosófica con una sustancia intuitiva que saca por la boca, de algún lugar muy hondo.

Nuestro trabajo en este ensayo será dar ese paseo con Levinas por su obra para que nos enseñe su forma de vadear las engañosas –a veces aparentemente inocentes, pero, por lo mismo, siempre peligrosas– aguas de los prejuicios del pensamiento y la cultura moral modernos.

Para ello me he inspirado en materiales diversos, incluyendo entrevistas y notas. No he seguido un plan preconcebido ni he partido de esquemas sobre comentarios ordenados de sus principales escritos. Más bien he ido reflexionando sobre temas que me parecían sugerentes a partir de pistas que el autor ha ido dejando. Después, esas reflexiones han podido ir encajando en bloques hasta lograr establecer una estructura. Me he permitido redondear los conceptos, aclararlos con imágenes propias e incluso desarrollarlos. El lector intuirá las partes en las que eso sucede de forma especial.

La aportación personal es más evidente en la parte donde esbozo un paradigma de pensamiento pre-cognitivo alrededor del hecho poético. En mi opinión, es compatible con las directrices generales o pistas que ofrece Levinas, pero no pretendo sentar cátedra y soy consciente de su carácter provisional y por lo tanto discutible. Tal atrevimiento sin embargo queda disculpado si se considera mi intención de resaltar en nuestra época la urgencia de releer al pensador, lo que supone sacarle brillo, aclarar y sobre todo avanzar en el lado propositivo. De ahí que, junto a los grandes debates que se establecen alrededor de sus conceptos y tesis principales, observados bajo la lupa de la evolución social –una perspectiva que me parece muy poco frecuente en la selva de literatura que ha suscitado el autor–, añado una segunda parte en el libro donde me preocupo especialmente por idear una forma de pensar «no contaminada» que podría reconvertirse de forma relativamente fácil en una pedagogía y una didáctica de la heteronomía.

Ojalá que otros investigadores –otros escritores, otros lectores imaginativos– puedan encontrar a su vez sugerente esta parte para trabajar en esa línea en un futuro próximo. La elección del pensamiento poético está justificada por dos motivos. En primer lugar, Levinas define la poesía como un «pensar sin saber que se piensa a la vez que pensar este no-saber para realzarlo (2013: 193). Por tanto es un buen punto de partida para profundizar en el pensamiento pre-cognitivo. Además, el poeta encaja con la figura de mediador mítico entre dioses y humanos. La habitación del pensamiento poético se encuentra en medio de un salto, ni en el cielo ni en la tierra, ni en el idealismo ni en el realismo, tampoco en un purgatorio donde se purgarían las almas de unos pecados capitales que suponen un ataque y no una consideración hacia el Otro, en un no-lugar o no-patria donde aún no habita el ser. La labor del mediador es la de escuchar, la de estar atentos, a disposición del Otro. El mediador debe salirse de sí mismo para poder mediar, algo que le recuerda y le permite constantemente su sombra. Al mediador, como al poeta, le persigue su sombra, tan parecida a la sombra del Otro, tan enigmática como el Otro. En segundo lugar, para elaborar esta poética levinasiana me ha servido mi experiencia en la práctica de la poesía.

En cuanto a la oportunidad de su aplicación a la educación, si bien Levinas no desarrolló de forma específica esta vertiente, su obra tiene claras implicaciones para la enseñanza que están siendo analizadas en la actualidad (Chinnery, 2018). Autoras como Katz han manifestado que la educación es fundamental en su visión radical de la ética porque Levinas estaba convencido de que el futuro del mundo depende de cómo eduquemos a los más jóvenes (Katz, 2012: 126).

En este punto el papel que puede cumplir la poesía es importante. Baste recordar las palabras de Roland Barthes en el *Collège de France* a finales de los años setenta del siglo pasado, sosteniendo que la poesía es el arte de la sutileza en un mundo de barbarie, y que, por consiguiente, la poesía debería ser elevada a la categoría de los Derechos Humanos. Y sírvanos traer a colación también a Picasso cuando observaba que todos los niños nacen artistas pero que lo difícil es mantener este impulso. No sería impropio añadir que la educación actual, heredada del siglo XIX, no solo no lo estimula, sino es en buena parte la responsable de su destrucción. Podremos probar que no se trata de una exageración. La tendencia a la virtualización de la enseñanza no favorece las cosas, y no solo porque ahonde la reproducción social, al hacerla depender en un mayor grado de las familias, sino porque su filosofía puede resultar a-ética e incluso en ocasiones anti-ética. El rostro del Otro se desvirtúa en la red. La educación «a distancia» es lo contrario de las relaciones cara a cara que para Levinas son condición necesaria para activar la responsabilidad. Veremos que, en esa línea, una nueva didáctica es necesaria para sensibilizar en los Derechos Humanos. De la misma forma, la universidad, vista no como el tejado sino como el cimiento del sistema educativo, dado que allí podrían formarse los profesores en el pensamiento crítico o en el pensamiento pedagógico poético, y dado que allí se forman los investigadores que podrían transferir directamente sus conocimientos y técnicas a los sectores de la población más vulnerable, tendría que corregir con urgencia su rumbo en este siglo. Debería regirse menos por la lógica del eficientismo, la digitalización y la privatización y más por el humanismo del Otro. Este cambio de rumbo me parece urgente si queremos salvar al planeta librándolo de los intereses puramente económicos o los políticos populistas que conciben al Otro como expiatorio o rehén, cuando Levinas propone justo lo contrario.

Creo que lo que ha sido llamado *El humanismo del Otro* no puede comprenderse bien en toda su dimensión si no se contempla como una consecuencia derivada de la cultura del individualismo. En 1999, Bauman, por aquel entonces profesor emérito en la Universidad de Leeds, tuvo a bien leer y valorar positivamente mi ensayo sobre la sociedad nihilista (1998). Cuando le manifesté mi interés por ahondar en su línea de trabajo, porque me parecía que confluía con la suya, me sugirió una estancia de investigación con Keith Tester en la Universidad de Portsmouth. Este había publicado recientemente *Moral Culture* (1997) y era uno de los mayores exponentes de la corriente de Bauman. Allí pasé seis meses, fruto de lo cual surgió mi ensayo *Individualismo y cultura moral* (2001). Keith no solo era una gran persona sino uno de los intelectuales ingleses que más prometían en ese periodo de entresiglos, tan efervescente en el campo de las ideas –como el anterior–. Desgraciadamente falleció en 2019 víctima de un cáncer.

La obra de Levinas, poco conocida en España por el gran público y poco trabajada a nivel académico (Alonso Martos, 2008: 13), engloba toda esa trayectoria. Es más, constituye un marco idóneo para comprender las reflexiones sociológicas que sientan sus precedentes en clásicos como Max Weber sobre la cultura moral. Eso explica que Bauman lo cite con cierta extensión. No obstante, el puente tendido por el sociólogo polaco es mínimo y parcial. Hace falta, en mi opinión, sumar esfuerzos en esa construcción, esfuerzos de los que este libro pretende ser una muestra.

Un humanismo basado en el Otro parece la alternativa más razonable para una sociedad basada en el individualismo donde el neoliberalismo estresa el planeta y pone en cuestión los derechos humanos (Escalante, 2016). Menos claro, pero igualmente importante y sensato, es defender y desarrollar esa propuesta desde una segunda conclusión del diagnóstico: el nihilismo. «Toda mi filosofía –observa Levinas– consiste en reemplazar a la nada, a la negatividad, a la aniquilación, por la aparición del Otro» (2013: 257). Un mundo, una época moderna, donde se eclipsan los relatos y mitos que sirven para ilusionar a sus gentes, es un mundo que propicia la desesperanza y los mecanismos de exclusión social. Pero un mundo, esta época posmoderna, donde, además, se anegan las fuentes de las que pueden nacer aquellos relatos con la tierra de la posverdad y con la cal de la filosofía de la sospecha indiscriminada –sin vigilancia epistemológica alguna, en su papel puramente destructivo–, es un mundo sin salida. Una de las lecciones que se pueden extraer de la obra de Levinas es que *la salida* no puede consistir en una evasión ante una autosuficiencia siempre frustrada. Ni puede consistir en una colonización de la luna u otros planetas donde seguir completando la fantasía de la totalidad ensimismada y autoreplicada. Hay que desandar lo andado para volver a andarlo con más cautela si queremos lograr no tanto un *desarrollo sostenible* –expresión ya infectada de antemano– cuanto una sostenibilidad de las relaciones humanas basadas en el cuidado y en el autocuidado.

El humanismo se concibe como la apertura a la otredad, partiendo de la base de que para las ciencias humanas todo lo humano está fuera. Esto permite a Levinas pensar el humanismo como «sufrimiento por el sufrimiento del otro» (1972: 92). Y sin embargo, la soledad que nos atenaza parece la prueba de nuestra incapacidad de salir de nosotros mismos. Si la soledad es, como sugiere Bauman, «la gran amenaza en estos tiempos de individualización»[1], ello no puede deberse a la falta de relaciones sociales. Antes al contrario, estas se han multiplicado en el estilo de vida urbano y global. Ocurre sin embargo que el Otro no nos llena, debido a que, en general, es considerado como una pieza más en el engranaje de la autorrealización, consciente o inconscientemente manipulable, objetualizado, traducido en acciones contables –los *likes* que me da en las redes–. De ahí que la propuesta ética de Levinas, de resucitar las relaciones *cara a cara* para pensar en el Otro de forma no calculadora, sino más bien, en mi opinión, poética, como un enigma que se abre ante nosotros convirtiéndonos en sus «rehenes», ofreciéndonos la libertad en la responsabilidad ante su vulnerabilidad, sea hoy, decimos, no solo relevante, sino urgente, dada la problemática que atraviesa el planeta.

En el humanismo del Otro sugerido por Levinas, la condición humana se basa en la vulnerabilidad, una apertura al Otro como herida expuesta, una sensibilidad que está por encima de la posición política o de la capacidad de emoción artística. En la medida en que la sociedad global actual, debido al peso polifacético de la inseguridad, puede ser calificada en líneas generales –más allá de los grupos específicos, tradicionales o nuevos, que exhibían ese calificativo– de vulnerable (Gil Villa, 2016), la fundamentación de Levinas encontraría ahora un caldo de cultivo sociológico adecuado. Algo

---

[1] https://elpais.com/cultura/2015/12/30/babelia/1451504427_675885.html

que avalarían los traumáticos acontecimientos con los que ha comenzado el siglo XXI.

A finales de julio de 2020, el Director General de la OMS declaró que la crisis del coronavirus es una crisis sanitaria de las que ocurren una vez cada cien años y cuyos efectos se dejarán sentir durante décadas[2]. Parece también posible pensar que la filosofía de Levinas estuvo originada en la resiliencia y resulta especialmente útil para situaciones afines. Sin embargo, eso no significa que se trate de un pensamiento para épocas de crisis. Tampoco significa que antes de 2008 las crisis estuvieran «controladas», afectando solo a ciertos lugares o a ciertas minorías. La atmósfera de crisis, la sensación de vivir en un mundo incierto, es propia de la modernidad pero se acentúa especialmente a partir de la revolución tecnológica. La resiliencia es una constante en la historia de la humanidad, una cualidad siempre activa, como un fuego que no se debe apagar. La propia técnica, y el transhumanismo como uno de sus posibles extremos, constituye, en ausencia de las causas tradicionales de sufrimiento colectivo, un desafío para una convivencia pacífica y responsable con los demás y con el planeta.

---

[2] Declaración emitida por los medios el 31 de julio de 2020.

Parte I
El enigma del rostro

1
El Otro

En el principio era el Otro, su rostro

EL OTRO SE CARACTERIZA por el hecho de que es lo único que no puede ser poseído (2002: 123). Se presenta a través del rostro, «que no es simplemente una forma plástica, sino de entrada, un compromiso para mí, una llamada, la orden de ponerme a su servicio» (2008: 20). La identidad no puede definirse contra otras identidades sino como una no-identidad en la que el yo se descentra para dar paso al otro (Medina D, 2017: 8).

No es el color de los ojos o la simetría de las líneas, porque eso es objetivable. En ese sentido no se puede hablar de fenomenología del rostro porque esta trata las apariencias. «Cuando se observa el color de los ojos no se está en relación social con los otros» (1985: 90). La relación ética es relación social, pero lo social tiene un poso o un fondo no objetivable. La llamada o llamamiento que hace el rostro a través de su exposición desnuda no se efectúa tampoco por la palabra. Como en el caso de la mirada, es anterior a la forma en que se vehicula por una estructura verbal. *Hay* algo anterior a la palabra, anterior al desvelamiento que efectúa la palabra, anterior a la información que se comunica. Levinas subraya esta forma verbal impersonal: *hay*. En su introducción al ensayo de Levinas *La realidad y su sombra*, Domínguez Rey nos recuerda que «las formas con que percibimos el ser ocultan y desfiguran su realidad básica, un simple y persistente hay o *il y a*» (2001: 9). En efecto, Levinas, confía en que en el fondo de la palabra subsiste una originalidad de la expresión «extraña a todo compromiso y a toda contaminación» sin la cual no pasaría de ser un simple acto (2002: 215). Esa expresión deviene de la «rectitud (*droiture*) del cara a cara» que permite hablar de una sinceridad o franqueza previas y acondicionales. Porque si dependiera del sentido del mensaje emitido intencionalmente por cualquier persona no sabríamos si es sincero. O tendríamos en todo caso que analizarlo, en relación a los gestos del lenguaje no verbal, el contexto, etc.

Es cierto, el Otro habla, y es difícil estar callado cuando tenemos a alguien en frente que nos mira, observa Levinas, aunque solo sea para decir qué tiempo hace. Responder al Otro, a esa interpelación que se impone un poco ansiosa y misteriosamente es, sería ya, «responder del Otro» (1985: 93).

Para distinguir el habla de la mirada, para hacer especial lo que el Otro verbaliza, Levinas distingue entre el decir y lo dicho. Lo dicho es el sedimento del decir, material empírico que se queda grabado, probablemente escrito, y que da lugar a la tradición, a la norma, al derecho. Pero el decir está marcado por una naturaleza incierta. Representa la improvisación, el riesgo, la apertura, la vida, frente a la materia muerta de la ley y de lo escrito.

El decir, lo que marca la experiencia irrepetible del habla cuando se produce por primera y única vez como prueba de la presencia del Otro, al colocarse en una dimensión incontrolable, permite la sinceridad, una sinceridad previa a la sinceridad en cuanto que objetivo consciente del hablante, marcado por sus intenciones o valores. Por eso menciona Levinas la existencia de una sinceridad que desnuda a la sinceridad misma en el rostro (1972: 94) Esta idea es congruente con su concepto fundamental –doble– de responsabilidad y libertad, sirviendo a la vez para comprenderlo mejor. Así se puede explicar que la libertad no se define como libertad de opción para «recibir» al Otro a partir de la visión de su vulnerabilidad en su rostro. Uno no puede negarse en el fondo, o verdaderamente. Es decir, puede negarse solo aparentemente, pero entonces, uno sabe que en el fondo está huyendo inútilmente de algo, de la vulnerabilidad humana que representa el rostro del Otro y que es la suya. Huida hacia adelante de la pobreza que es lo que refleja esencialmente el rostro (1985: 90). La prueba, añade Levinas, es el intento generalizado de enmascararlo. Pero ese intento no se refiere solo a los actos físicos de encubrimiento, de maquillaje, de travestismo. Podemos añadir también una prueba sociológica que, desde que Levinas murió, refleja una tendencia en aumento, a saber: las estrategias en todo el mundo de las volátiles y vulnerables clases medias por distinguirse de los nuevos ricos, es decir, de los que llegan como ellos al mismo lugar que ellos. Cierto que esta historia ha sido bien narrada en Europa, y especialmente en Francia. Pero hoy se observa en América del Sur o Asia.

Es decir, si la huida hacia adelante se produce en la modernidad como axioma ante la presentación de la vulnerabilidad en el rostro del Otro, podemos añadir que en la alta modernidad, en la medida en que a esa condición básica se le añade o superpone la vulnerabilidad como categoría sociológica cada ve más compartida, tal huida se acelera. Así como el cambio social se acelera, así como el mundo globalizado deviene aldea pequeña que se recorre rápidamente, así como las trayectorias biográficas se precipitan y se descontrolan -al perder fuerza la predicción de su destino–, así también se acentúa tanto la presencia de la vulnerabilidad –la probabilidad de que toque a mi puerta el extraño–, como la reacción automática de huida que despierta en nosotros por recordarnos que también somos vulnerables. La diferencia de esta evolución está en que, hasta hace unas décadas, segmentos importantes de las clases medias se creían invulnerables, cosa que no sucede hoy en día. Pero esa circunstancia debe tener consecuencias en la relación con el rostro vulnerable del Otro.

El Otro como *INSOMNIO*

En el ensayo *Dios y la filosofía*, Levinas usa la metáfora del insomnio para abundar en la idea del Otro desde otra perspectiva sugerente. No se pueden comparar las cosas que difieren en un campo común (2001c: 31). No hay mediciones en un sistema de equivalencias cuando se habla de la diferencia absoluta que supone el Otro. «Lo otro (*autre*), absolutamente otro, es el Otro (*autrui*). El Otro no es una especie de alteridad sino la original excepción al orden» (31). No descansa en un sistema ideológico sino que más bien es desorden, alteración, en relación a la racionalidad del saber (29). Un tipo de alteración como la que supone el insomnio. El insomnio rompe el reposo que permite el restablecimiento de la identidad, con la tranquilidad que permite la auto-afirmación de la conciencia que percibe el mundo en relación al yo, que lo sumerge en el mar de la igualdad que rodea al yo.

Aparentemente, el sueño rompe con la conciencia, al irrumpir de forma involuntaria, sin poder ser controlado por la instancia racional de la conciencia. Pero también puede verse el sueño como la válvula de escape que necesitan la conciencia y la razón para mantener en pie el sistema complejo, elaborado y coherente de la vida en la vigilia. El sueño no es tan diferente de la vigilia. Está formado con materiales prestados por la vigilia. Es vigilia deshilachada, transformada. Es una apagón del sistema, por tanto algo que no cuenta, que no existe en realidad, algo neutro para la ética. Frente al sueño, el insomnio no es un acto voluntario, como tampoco lo es la responsabilidad ética. Supone más bien un más o menos doloroso despertar, es decir, una sacudida en el ser, una luz de alarma, pero no alarmista, una puerta por la que se cuela lo inesperado, lo imprevisto, lo incontrolado, algo que puede conllevar el presentimiento de la muerte, algo que lleva a replantearse la vida, que permite aflorar la vulnerabilidad constitutiva del ser humano.

El insomnio impide la manifestación del sueño, la cual es un reflejo de la manifestación del ser, de la concepción filosófica occidental del ser como manifestación, como si el objetivo del ser fuera aclararse, salir de la oscuridad (Levinas, 2001c: 88-89). Pues en eso consisten los sueños, en imágenes que emergen de la nada oscura. El insomnio contradice ese sentido de necesaria, obsesiva, decisiva y salvadora tendencia de la función del pensamiento occidental, impidiendo la manifestación. Pero no por una reacción previa, determinada como estrategia de resistencia, en cuyo caso se seguiría reproduciendo la oposición sueño/realidad, oscuridad/luz, condena/salvación, sino como espera paciente o impaciente, dependiendo de la forma en que se experimenta por cada persona, de lo que se tiene que manifestar en el sueño. Pero como esto, lo que se debe manifestar, no acaba de llegar, acaba cuestionándose, y esto es lo importante. El insomnio, como obstáculo de la manifestación, en su torpe e ingenua terquedad –estado de embotamiento–, pone en tela de juicio la necesidad de salvación a través de la manifestación. No la necesidad de salvación, sino el hecho de que esta deba producirse a través de las representaciones cognoscitivas, del concepto de sabiduría occidental.

El sueño es el hilo con el que cosemos los días, la sutura con la que cerramos la herida de la noche. El insomnio es un desgarramiento, insuficiente para desangrarnos pero suficiente como para evitar la cicatrización. Es difícil amar el arañazo de la luz, el insistente canto del gallo telúrico que nos arranca de los brazos de Morfeo. El «carácter irreductible» del insomnio, dice Levinas, vendría dado por «lo Otro en lo Mismo que no aliena lo Mismo sino que lo despierta, despertar como exigencia a la que ninguna obediencia iguala o adormece. Un «más» en lo «menos» (2001c: 90).

Es difícil amar el despertar y al despertador. Pero si lo conseguimos, tenemos más posibilidades de salvarnos. Despierta o muere. Nueva versión del refrán, ahora diremos: «El vivo al rollo y el muerto al hoyo». Rumiar, roer, es lo propio del vivo, es decir, del rostro. El muerto no tiene rostro, su rostro se desfigura hasta desaparecer y quedar reducido a puro hueso. Lo vivo del vivo es el rostro. La función del *rostrum* es *rodere*, rasgar con su punta, cual mascarón de proa en la que navega nuestra nave capitaneada por el insomnio, la tersa piel oscura de la noche de la noche, pinchar la película que envuelve el mundo en la bolsa de lo Mismo, herir hiriéndose.

EL OTRO COMO ORIGEN DE LA RESPONSABILIDAD ÉTICA

Bauman observa que «el encuentro con el rostro se produce, sí y solo sí, mi relación con el otro es programáticamente no-simétrica» (1993: 49). En la lógica de la reciprocidad no puede surgir la instancia moral. Más allá de su justificación limitada en el derecho positivo, sin embargo, con el avance de la modernidad todo parece indicar que acabamos extendiendo a la vida privada cierta contabilidad: si no me felicitas en el Facebook por mi cumpleaños posiblemente yo haré lo mismo.

Para Bauman, la condición de la asimetría propuesta por Levinas le otorga un carácter radical que la diferencia de las otras versiones de la teoría ética postkantiana. Entre ellas la de Heidegger. La unión del yo con el otro –*mitsein*– es ontológica, previa a la moralidad, y no implica por lo tanto un compromiso moral sino que se asocia a una «irreparable» neutralidad ética. Y la neutralidad, moralmente hablando, es sinónimo de indiferencia. El sociólogo polaco cita un comentario de Levinas en el que alerta de que el encuentro con el Otro no puede quedar reducido a un simple *estar con*, algo efímero y poco sustancial, sin una verdadera confrontación con el rostro (1993: 49). Consecuentemente, lo único que garantizaría el hecho moral, la asimetría, sería el *ser para –être pour l'autre–*. El ser-para-el-otro es la expresión que usa Levinas para definir el concepto de responsabilidad. Esta, a su modo de ver, emanaría de la bondad, la cual es previa a toda elección –«uno no decide ser bueno, uno es bueno antes de toda decisión»–. Es además, independiente de Dios porque no necesita su mediación (2008: 22 y 26).

¿Ahora bien, cómo encaja la libertad, definida al margen de la ausencia de coacciones, en este esquema? ¿No podemos escoger no ser buenos, desobedecer a la regla «no matarás» –observancia última deducida del hecho moral en la que insiste el autor? Podemos, pero tiene un precio psicológico –los sicarios confiesan en las entrevistas que no pueden dormir porque les persiguen los rostros de sus víctimas– que hace pensar en la existencia de esa difusa categoría de la «voz de la conciencia», y que, en la trama de Levinas, conectaría con «el llamado» o «la llamada» que realiza el Otro cuando se presenta ante nosotros. El recuerdo de ese llamamiento quedaría convertido en una especie de ruido de fondo que se activa con facilidad de forma involuntaria.

En las notas tomadas por el filósofo durante su cautiverio observa cómo él y sus compañeros aprendieron a sentirse libres, más en todo caso que la mayoría de ciudadanos no confinados. La libertad es una cuestión de grados y depende de los condicionamientos sociales, de las obligaciones contraídas en la vida social, algunas de forma voluntaria y otras no tanto o nada, siendo las primeras igual de molestas y dolorosas que las segundas. En clave estoica, lo que verdaderamente nos resta libertad es la dependencia de los demás, incluyendo sus obras y sus opiniones (Epicteto, 2018). Uno solo debería preocuparse de lo que depende de uno. El añadido de Levinas hace esa regla más compleja. El Otro depende de mí, luego me debo de ocupar de su llamado, de su necesidad, de su hambre, pero en su totalidad y previamente, es decir, independientemente de lo que diga o cómo actúe. Esta separación es difícil, pero es la que, según Levinas, daría entrada a la ética.

Que el Otro no pertenezca al dominio del ser sino al *noumenal* de la bondad (2002: 41), puede leerse como que no es un *fenómeno* atmosférico, un espejismo, una aparición, algo pasajero, un invento del yo. Esto tiene implicaciones políticas. El Otro no es un objeto que se pueda trocear y vender en el mercado electoral, cuestión de programa político. No es cuestión de opinión y debate. Su realidad es ahistórica, se impone sin avisar.

Levinas usa en ocasiones la palabra santidad para referirse a la bondad. Pero tal uso no debe interpretarse como un desliz en la beatería, ni siquiera como un desliz teológico. Hay que precisar que el autor «transfiere la cuestión teológica del plano ontológico al ético; a una antropología *heterológica* donde la situación ética, la *proximidad*, detenta la significación primaria» (Vázquez Moro, 1982: 292). Llega a decir que él no se tiene por santo, y que por tal entiende el sentido europeo, de raíces culturales griegas y bíblicas, que tendría el ser humano, como algo «inatacable». Decir esto no es muy popular hoy en día, añade, porque parece que se está predicando y la sociedad civilizada «se ríe de la posibilidad de predicar» (Levinas, 2001b: 251).

La aportación de Levinas refuerza la línea de investigación de Bauman de los problemas que atraviesa la cultura moral posmoderna. La desocialización del sujeto en Bauman no es una quimera, forma parte del hilo argumental que desarrolla la dominación racional-legal weberiana que describe cómo la modernidad produce excrecencias que van arrinconando la compasión como resumen de los valores humanos de la tradición rural. Levinas dedica *De otro modo que ser o más allá de la esencia*, a la memoria de las víctimas del Holocausto y en general de los crímenes de odio. Bauman achaca al imperio de la Razón moderna, de la norma y el orden, la comisión de los mayores crímenes contra la humanidad (1993: 238). El cauce general de las burocracias modernas se va configurando culturalmente de acuerdo con un fenómeno central, a saber: la represión que ejerce la racionalidad procedimental sobre la mayoría de las emociones, y en particular sobre los «sentimientos morales», los cuales constituyen lo que solemos denominar de forma coloquial la «voz de la conciencia», esa fuente de actitudes espontáneas que nos lleva a ayudar al que sufre y a no causar sufrimiento (Bauman, 1994: 8).

Podemos ahora extrapolar el argumento de Bauman a la cultura de la globalización. Nuestras relaciones con los demás no solo se han multiplicado sino que ciernen cada vez más con personas invisibles y desconocidas. El vendedor de un gran almacén es visible pero desconocido. En Internet puede ser además invisible. La tendencia al trasvase de buena parte de los delitos –sobre todo los de base económica, que son la mayoría– del terreno presencial al virtual demostraría en parte la idea de que nos importa menos el sufrimiento del otro en una relación poco personal (Maguire y McVie, 2017: 179). La implicación que esta idea tiene para la digitalización y automatización de la vida social en general es negativa para la ética.

El concepto de responsabilidad admite usos que contradicen el que le otorga Levinas y que demuestra hasta qué punto lo social y lo ético tienen procedencias diferentes, de naturaleza sólida el primero, líquida el segundo. Si lo social estratifica y acumula capas de cultura de moral, el manantial ético refresca y renueva. Entre las dos se pueden establecer relaciones de distinta especie. El agua sirve para que la tierra germine, pero una avalancha de tierra puede anegar o deprimir una fuente. Dependerá de la potencia de ambas fuerzas. Un rol de «alta responsabilidad» puede marcar la personalidad hasta arruinar la espontaneidad. Ciertos jueces, ciertos catedráticos, no pueden desconectarse del papel que representan en la sociedad. El honor del puesto, la importancia que se concede a la opinión de los demás, la reputación, provoca una paradoja: el sentido de la responsabilidad social aplasta el sentido de la responsabilidad ética. La responsabilidad que se impone es la que marca la moralidad a través de unas reglas explícitas e implícitas, que marcan el comportamiento sin mucho margen para la improvisación, la novedad o la originalidad. De hecho, estas cualidades se temen por lo que de imprevisible pueden tener. No se deja lugar, en esa mentalidad, a lo absoluto, a la exterioridad, a lo intuitivo, al tiempo fuera del reloj, al vacío o vaciamiento de lo aprendido como preparación para el encuentro con el Otro. Puede resultarle difícil a un juez, al catedrático, al gran empresario o al profesional liberal exitoso, sobre todo en ciertos contextos tradicionales, dejar de juzgar al Otro, dejar de imponer su autoridad, colocarse en un plano de igualdad, y no digamos, en ponerse a su disposición, en servirle, en reconocerse como su rehén. Funcionan entonces, como el prototipo del «hombre moderno», ese que «persiste en su ser como un soberano preocupado únicamente por preservar los poderes de su soberanía» (1994: 79).

Ni Levinas ni Bauman son antimodernos. El primero mira de reojo a los cantos de sirena de la tierra y la patria mitificada del nacionalsocialismo y que pudo escuchar quien fuera una vez su maestro, Heidegger. La urbanización masiva y poco planificada en un contexto de crecimiento ilimitado y de neoliberalismo ha ido aumentando las capas de población vulnerables. Las relaciones cara a cara, caldo de cultivo de la ética en Levinas, han ido desdibujándose a medida que progresaba la época moderna. La digitalización de la aldea global supone una vuelta de tuerca más en la despersonalización. En los últimos años, procesos como la gentrificación indican la deriva de la organización social y espacial de ciudades y megaciudades a la que se va incorporando, por simple superposición, la cibernética, como comodidad y como seguridad de sus habitantes, en un plano claramente desigual.

La soledad del prototipo social posmoderno puede llegar a tal extremo que el Otro ya no necesita del espejo del rostro de otra persona sino que es encarnado por el Mismo. El individuo ya no se confronta con el otro, sino consigo mismo, observaba Baudrillard, añadiendo que es la sociedad toda la que en nuestro tiempo tiende a neutralizar la alteridad, destruyendo al otro como referencia natural (2001: 132). El sociólogo francés sugiere como ejemplo la «efusión aséptica de la comunicación» y la «efusión interactiva», ambas caracterizadoras no solo de la digitalización de la vida social sino también, y en especial, de los paréntesis de confinamiento que pueden forzar las pandemias, que refuerzan la asepsia en las relaciones. Esta pasa por la alteración estructural de la relación humana simbólicamente bloqueada por la mascarilla de uso obligatorio. Tengamos en cuenta que tanto la soledad como la indiferencia, son para Levinas dos modos defectuosos o deficientes del ser para el otro. (Bauman, 1993: 59).

Con la erosión de los roles sociales, los problemas de identidad se mezclan con el sufrimiento de la alienación que experimentan las personas más vulnerables en la ciudad – géneros violentados, infancia, edad avanzada, enfermos. Esto afecta al aspecto ético de la responsabilidad y de la libertad. El Otro no se presenta como alteridad que me impone anfitrionía, sino como una sombra en un callejón que me atemoriza. En este caso, da lugar a la desconfianza como criterio general de la vida social.

El Otro, como sombra, no tiene rostro, o su rostro es solo reconocido por los sensores que buscan sospechosos. La obsesión por la seguridad nos lleva a autolimitar la libertad dejando las funciones encomendadas al rostro a los aparatos electrónicos. Para estos, este no es una palabra que se escribe con mayúsculas, sino un mapa a procesar con objetivos específicos. Un conjunto de variables que puede ser analizado matemáticamente para lograr un diagnóstico preestablecido. Pura mecánica, limpio de reminiscencias poéticas, de la totalidad, del infinito, de evocaciones, de conciencia.

LA GESTACIÓN DE LA CULTURA MORAL RACIONAL A TRAVÉS DE LA EDUCACIÓN MODERNA

La manifestación del otro en el escenario social contemporáneo encuentra más obstáculos que en épocas anteriores por dos motivos, la inseguridad y vulnerabilidad de la mayoría de los habitantes, por un lado, y la virtualización cada vez mayor de las relaciones sociales, con la consiguiente despersonalización. Puesto que en estas condiciones las ideas de Levinas y de Bauman cobran un valor de advertencia especialmente relevante, debemos analizar el lugar donde se gestan: el terreno educativo. Los riesgos y efectos negativos de la moral normativista se muestran allí con una fuerza especial. Por otra parte, su consideración aquí es esencial porque es ese uno de los ámbitos donde más efectivo podría ser el cambio de tendencia destinado a corregir aquellos defectos.

El sistema educativo actual tiene dos siglos de vigencia y coincide con el desarrollo de la industrialización. Su base se encuentra en el pensamiento de los ilustrados, para quienes la educación es una oportunidad para separar al «hombre» del animal.

Rosario de sentencias «ilustradas»: Kant: «Disciplinar es tratar de impedir que la animalidad se extienda a humanidad» (1983: 38); Locke: «La disciplina somete al hombre a las leyes de la humanidad…, pero esto ha de realizarse temprano» (1986: 75); Comenio: Una escuela sin disciplina es como un molino sin agua (1986: 265).

Algo que se consigue con la norma disciplinaria. Fichte lo expresó bien en sus discursos a la nación alemana: el objetivo era crear «una voluntad firme de acuerdo con una norma segura y eficaz en cada momento» (1985: 67). A finales del XVIII y principios del XIX se ponen en marcha una serie de leyes nacionales que ponen en marcha un sistema basado en el control disciplinario y destinado a crear «sujetos dóciles y útiles» (Varela, 1988). El ideal ilustrado educativo tiene un sentido práctico que a menudo se olvida. Una de las funciones sociales claves de la educación de masas moderna será por tanto la de la socialización de la mano de obra, más que la de su cualificación. Se da una conexión más o menos directa pero claramente certificada por la sociología y la historia de la educación entre el mundo empresarial y el mundo escolar[3]. Estos dos aspectos sirven para resumir los orígenes de nuestra educación actual y para conectarlos con las elaboraciones teóricas de advertencia ética de Levinas y Bauman. De un lado, el afán de convertir la norma en el centro de la vida social para garantizar el imperio de la razón, que se supone llevará a la sociedad a un progreso y a un bienestar sin precedentes en la historia, y que convertirán a la época de la modernidad en la más gloriosa. Lo que muestran Levinas y Bauman, en sendos niveles complementarios, filosófico y sociológico, es que «el sueño de la razón produce monstruos». En concreto,

---

[3] En España, se forma una interesante y productiva línea de investigación a finales de los años ochenta de la que saldrán en las siguientes décadas congresos, seminarios, tesis doctorales y multitud de publicaciones colectivas. Entre los impulsores destaca Carlos Lerena (1983), Viñao Frago (1982), o los de Julia Varela y Fernández Enguita.

produce una cultura moral que va eludiendo a medida que pasa el tiempo e insensiblemente la dimensión afectiva, deshumanizando la vida social cada vez más, algo que se comprobará, durante el último siglo, tanto en la intrahistoria como en la historia, tanto en las representaciones teatrales –en términos de Goffman– de la vida cotidiana como en las representaciones apoteósicas de las grandes guerras y del Holocausto. De ahí la tentación crítica, pero paradójica –desde un punto de vista sociológico–, de desocialización.

Ahora bien, la educación no puede comprenderse como una convidada de piedra o un subsistema más del general sistema social que se ve afectado por esa normatividad. La educación *es* el instrumento fundamental por el que se consolida esa tendencia. Por tanto, en caso de pretender su revocación, cobra una importancia especial. Esta es la justificación fundamental de adaptar a la educación las reflexiones de autores como Levinas y Bauman. El mensaje ético que enuncian es claramente transgresor de la cultura moral moderna y tardomoderna y por extensión de la cultura escolar que la transmite. Por otro lado, la digitalización de la educación está implicada directamente en la argumentación crítica central puesto que favorece la despersonalización y aumenta la inseguridad, la vulnerabilidad social (la cual, como hemos visto, es distinta de la vulnerabilidad filosófico-antropológica defendida por Levinas, de modo que, en las condiciones actuales no solo no parece potenciar su conciencia sino todo lo contrario) y la desigualdad social (no la diferencia). En este sentido, la teoría de Levinas puede calificarse como una teoría de la resistencia. Pero su significado es distinto a la estudiada con ese nombre para referirse a la reacción de la cultura contra-escolar heredada de la cultura obrera de los padres, en los tiempos en los que se podía hablar de clase obrera (Willis, 2017). Tampoco encaja en el sentido que le dio Foucault, alejada de las categorías sociológicas estructuralistas y convertida en «puntos móviles y transitorios» (1992: 117).

En efecto, en el caso de Levinas, la resistencia adquiere un cariz distinto. Su carácter abierto, menos empírico, su estilo enigmático y simbólico y sus posibles connotaciones personales, tienen la ventaja de permitir una interpretación adaptada a la actualidad. Todo el sistema de pensamiento de Levinas parece imbuido del complejo del prisionero, del perseguido. De ahí que sus conceptos siempre se enuncien de forma paradójica –el rostro se percibe pero se da en un plano antes de la percepción, hay una sinceridad antes de la sinceridad, etc.–, como si fuera un juego de magia en el que aparecen y desaparecen, en el que llegamos a intuirlos pero se nos escapan luego al volverlos a pensar. Constituyen tal vez la proyección inconsciente del autor prisionero que sueña evadirse cuando es perseguido y con escapar cuando es hecho prisionero, ya sea física o mentalmente. La obra de Levinas parece reflejar la fantasía de toda persona prisionera de ser invisible, inaprehensible, inclasificable –frente al número que la define como prisionera real–, fantasmal, pero sobre todo, y esto es lo importante, imposible de someter. A esto se reduce todo: el rostro es lo único que no se puede someter. Es pues la resistencia por antonomasia, más allá de la acepción física como fuerza que se opone a otra fuerza, más allá de la dialéctica, más allá de las teorías de la tensión

–*Strain Theories*– que han debatido durante décadas si las «subculturas» eran pura reacción a la cultura principal o tenían rasgos autónomos– (Downes y Rock, 1998: 148). La resistencia como resistencia a teorizar, y por tanto, a escapar de la posible observación ulterior que permitirá evaluarla, se opone al modelo pedagógico y educativo actual frontalmente. En realidad, Levinas es el gran anti-empirista, y por tanto el gran contramodelo del sistema académico y de investigación imperante, que se basa en el empirismo abstracto, la competencia, la comparación y la medición, en detrimento de la imaginación.

Muchos alumnos también se han sentido en las aulas como prisioneros, especialmente en los albores de la educación de masas, y posteriormente en ciertos puntos y modelos pedagógicos más o menos afines, desde los internados concebidos como instituciones totales hasta las llamadas pedagogía carcelaria y pedagogía negra. Esta última pudo ser abrazada en el siglo XIX por pedagogos como Moritz Schreber, profesor de la Universidad de Leipzig, que llegó a defender en el parlamento sus propuestas educativas basadas en una «disciplina militar modificada», llegando a inventar métodos de sujeción del cuerpo de los niños a las sillas o a la cama como método de concentración y de pureza (Schatzman, 1977). Sin llegar a esos extremos, persisten en la actualidad rasgos de aquellas raíces que hacen que muchos estudiantes vean con temor el hecho de acudir a la escuela, a recibir una educación obligatoria, uniforme, competitiva y estresante, basada en la evaluación «continua», poco o nada lúdica –sobre todo a partir de cierta edad–. La probabilidad de verse involucrados en escenas de acoso escolar físico o virtual, ya sea como víctima o como agresor, parece aumentar con el paso del tiempo y extenderse a los primeros niveles –incluido el infantil– de acuerdo con los estudios realizados en todo el mundo. Puede interpretarse esa tendencia como debida en buena parte a una insatisfacción y descontento del ambiente escolar detectable tanto en profesores como en alumnos, de forma que el bullying sería un recurso para divertirse a costa del otro (Gil Villa, 2020). En ese caso, la violencia escolar entre iguales puede ser vista como una prueba de la persistencia de una pedagogía basada en el control, la incomodidad, el aburrimiento y el sufrimiento. En vez de inspirar los valores de la confianza, la paz, la escuela destila egoísmo y violencia.

En la terminología de Levinas, la escuela actual no enseña al estudiante a valorar la vulnerabilidad del Otro como diferente para hacerse cargo de ella, no facilita la respuesta de la responsabilidad. La educación no sería, en la visión de Levinas, ética. Es más, en la medida en que favorece la respuesta contraria, la violencia, podría ser calificada de antiética. La enseñanza actual se haría merecedora de este calificativo también en otro sentido, el de la «condena» de los fracasados. El fracaso escolar extiende la pena del alumno a su futuro adulto, al encerrarlo en el estrecho círculo del mercado laboral secundario y el desempleo. La palabra encierro, que permite seguir usando la comparación con la prisión, es legítima, puesto que es así como admiten sentirse, sin ver una salida. Aquí, la vulnerabilidad vuelve a ser una herida que vuelve a abrirse, como en los tiempos de la escuela, pero no para ser cuidada por el otro, sino para sangrar de nuevo en la exclusión social. No deja de ser curioso que se hable de exclusión social para definir una forma de acoso escolar que consiste en hacer el vacío al otro, conectando así la expresión con su uso general en el contexto adulto.

El Otro violentado o en qué consiste la justicia

En el prefacio a *Utopía y socialismo*, de Martin Buber, Levinas rescata la idea de este autor de la parte involuntaria o inconsciente del utopismo que representa el marxismo-leninismo. Este sería, tras el Siglo de las Luces y la Revolución Francesa, la única forma de desear todo lo otro (*tout autre*) social. Recordemos que Buber confía en que renacerá la comuna, pero será una comunidad de comunidades, en la senda del socialismo utópico, basada en un reparto de los medios de producción diferente al que efectúan los Estados de hoy –incluidos los comunistas–, así como un sistema de representación política no basado, como ahora, en el lazo abstracto y endeble de masas anónimas con sus representantes desconocidos, a través de programas abstractos sino en el trabajo y la experiencia comunes. De ahí que no confíe en que esa nueva posible gestión del futuro pueda ser liderada por el marxismo ni por el anarquismo (Buber, 1977: 236-37). En la misma dirección, Levinas alude igualmente a Ernst Bloch, para quien la esperanza en la renovación radical del ser humano pasa por los profetas, los filósofos y los artistas –algo que en el presente trabajo se retoma de alguna manera en el desarrollo propuesto del saber poético– (Levinas, 1977: 8). El esbozo de paradigma de pensamiento poético con posibilidades de aprovechamiento pedagógico que propondremos más tarde, debe entenderse como un intento de desarrollar este planteamiento. En una entrevista admite que el punto de encuentro del marxismo con su filosofía del reconocimiento del Otro se daría en el mesianismo que tendría el marxismo con la religión «El marxismo –observa– invita a la humanidad a reclamar lo que es para mí un deber de dar»(Former y Gómez, 1983: 77). Aunque matiza que no coincide con la «distinción radical» que él hace entre yo y los otros. El marxismo, como otros movimientos políticos, conquista el poder a través de la violencia. La esperanza reside tal vez en que «quiénes predican el marxismo esperan hacer inútil en su día el poder político» y trae a colación una frase de Lenin acerca de un futuro utópico en el que la cocinera podrá dirigir un Estado, lo cual quiere decir, según él, que el programa político ya no se planteará en los términos conflictivos de hoy. Es ahí donde ve la posibilidad de un cierto mesianismo. Desgraciadamente, sin embargo, la historia no siguió el derrotero leninista sino el estalinista, y eso, exclama: «eso es el acabóse» (77). No obstante, en este punto Levinas subraya o quiere ver más las diferencias que las semejanzas entre esas dos figuras históricas. Lenin fue el maestro de Stalin y consideraba explícitamente la violencia como un medio necesario para asegurar la Dictadura del Proletariado, no aplicable únicamente a los capitalistas sino también a los disidentes. Levinas afirma que está en contra de la violencia aunque observa que a veces la violencia puede ser legítima.

Preguntado si cree que alguna vez podría existir un Estado justo, una materialización de la utopía, responde que sí, siempre que se dé un acuerdo entre ética y Estado. El Estado justo saldrá de los justos y de los santos, más que de la propaganda y de la predicación, afirma (78).

Emmanuel Levinas muerte cinco años antes de acabar el siglo xx. ¿Estamos más cerca ahora de ese Estado justo? Hemos reducido las formas de violencia en las relaciones sociales de forma que podamos hablar de un mejor contexto para relanzar el humanismo del Otro en *petit comité*? ¿Obedecemos más ahora al precepto ético «no matarás», en sus múltiples variantes, incluyendo la indirecta o metafórica, la de la «muerte por indiferencia», esa que se conecta con la «violencia simbólica»?

Indudablemente, una de las cuestiones más inquietantes a las que da lugar la exposición de Levinas es la reacción negativa ante el Otro, o del Otro ante mí. ¿Y si en vez de la acogida, que sería lo natural, «la ley natural», el impulso bondadoso, surgiera la reacción violenta? El homicidio puede verse como la violación de la norma más importante de la que se dotan los seres humanos en su convivencia, el crimen más terrible y más sancionado. Pero existen muchas otras formas de romper con la norma dentro de la misma tendencia, cualquier ejercicio de violencia ante los demás. Lo que Levinas propone al respecto es que las instituciones de la justicia deben estar controladas o regidas por la relación interpersonal inicial (1985: 95). El problema de la justicia, entiende, es un problema de más de dos. Cuando hablamos de la relación del Otro ante mí hablamos de una relación relativamente sencilla. En términos analíticos sirve para comprender la condición humana. Pero cuando hablamos de una multiplicidad de otros, entonces la cosa se complica. Puesto que el Otro tiene una relación con otros, de alguna manera mi relación con el otro les afecta, tiene repercusiones en terceras personas. Ese efecto eco marca la complejidad del juego social, de la entrada en escena de la sociedad como actor y permite y justifica la acción de la justicia. La explicación de Levinas no está muy desarrollada en este aspecto. De la misma forma, la repercusión de su propuesta parece igualmente esbozada o enigmática. Pero permiten un desarrollo intuitivo posterior coherente, en mi opinión, aunque muestran el punto débil de la argumentación: el razonamiento sociológico. De nuevo, todo parte del axioma de la bondad como elemento primero (en el inicio era la bondad). Y pone como ejemplo el gesto automático de ceder al otro el paso ante una puerta (95). La violencia se daría pues como una perversión de un movimiento original positivo. Sin embargo, el ejemplo de la puerta es interesante porque ha sido analizado desde la sociología como estrategia de condescendencia que genera deudas morales en el otro disminuido, es decir, visto como inferior. Especialmente aplicable a personas mayores, con movilidad reducida o mujeres. En este último caso puede ser considerado como un mecanismo inconsciente de reproducción del androcentrismo: la caballerosidad como trampa (Gil Villa, 2018: 36). ¿Cabría pensar en otras escenas o ejemplos mejores? ¿O bien en todos ellos son sospechosos de estar ya pervertidos por las estructuras de poder que se reproducen a costa de algunos, precisamente porque las sociedades se basan en la consolidación de las condiciones de desigualdad necesarias para que la diferencia no se reconozca siempre y ante todos, es decir, con igualdad?

Podríamos pensar, en ese caso, que la exposición de Levinas no quedaría invalidada. Podría suponer que la sociedad es la culpable de la perversión de la bondad original, sumándose aparentemente a las corrientes pedagógicas inspiradas en Rousseau. Sin embargo, puede mantenerse razonablemente que ambos autores son muy distintos. Rousseau se dedicó a construir la categoría social de la infancia. Imputa a la infancia ciertos atributos de inocencia que la encierran en la dependencia de la familia y la victimiza. Todo un monumento, como se ha podido escribir aguda e irónicamente, al narcisismo del padre de familia burgués (Lerena, 1985: 255). La interpretación en clave leviniana está servida: le da la vuelta al concepto ético de responsabilidad estirando la irresponsabilidad del niño-adolescente-joven eterno, «hijo de papá». Esto ha permitido a algunos psicólogos hablar del *síndrome del emperador* o del comportamiento tirano de los hijos para con los padres. Ironía de la historia de la época moderna, el ciclo que comenzó con la familia autoritaria y represora, una vez que se ha desarrollado el gen roussoniano que escondía –la cara de la liberación prometida por la represión–, cierra el círculo en la alta modernidad con los padres más permisivos jamás imaginados, cazadores cazados, víctimas, incluso de la violencia física por parte de hijos. Pero la visión general de la familia burguesa moderna no cambia, como la de la escuela, porque el orden de los factores no altera el resultado: una institución poco armoniosa y pacífica, poco feliz, poco centrada en el cuidado del otro, poco ética.

La idea de Levinas es compatible igualmente con las condiciones en que desarrolla su trabajo el sistema de justicia penal así como la filosofía punitivista. Especialmente a partir de 1980 asistimos a un incremento generalizado de las conductas sancionadas, así como del de personas relacionadas con procesos judiciales. Eso lleva a la saturación del sistema que en algunos casos se resuelve de manera injusta, es decir, en función de la discrecionalidad de los fiscales (Husak, 2013). El riesgo de criminalización de los sectores más empobrecidos se hace evidente (Reiman, 2001; Wacquant, 2009). Esto ha tenido como consecuencia la potenciación de las propuestas de la justicia compasiva, reclamando el cuidado existencial (Bilbeny 2015).

Levinas pudo entrever, como Kafka, la enorme avalancha de normas que se avecinaba en el futuro. El Estado liberal y democrático, y la Ley, observó, cumplen un papel importante en cuanto que representan los principios griegos universales. Pero es una Ley, continuaba, «que exige una mejora permanente, que se pone en tela de juicio» (1990: 14). Otro ínclito judío de la siguiente generación, que se haría famoso como sociólogo, Zygmunt Bauman, tomaría el testigo para denunciar las nefastas consecuencias que tiene en la tardomodernidad la hiperinflación normativa. Es verdad que las reticencias de Levinas hacia la norma deben ser matizadas. Cuando considera la ley judía, llega a defender la función que cumple como fuente de identidad. El conocido como «yugo de la ley», el ritualismo reglado que gobierna todos los gestos de la vida cotidiana del judío integral, dice, «es sentido por las almas piadosas como alegría» y conforma tal vez «el aspecto más característico de la existencia judía» (1976: 45). Algunos han deducido lógicamente de frases como esta que Levinas niega el dominio ejercido por la ley judía, algo inexacto desde el punto de vista histórico, especialmente en los tiempos de Jesús de Nazaret, cuando encontramos numerosos testimonios de un pueblo atribulado por la misma (Roldán, 2112: 199). Pero luego damos con otras declaraciones que van en el sentido aquí recogido de precaución y desconfianza: «La misericordia atenúa los rigores de la ley» (1976: 45).

La interpretación entre matices diferentes debe orientarse por los contextos generales de la obra y de los comentarios de otros autores que sintonizan con la misma. Lo más sensato en este caso es deslindar el ámbito histórico del ámbito antropológico. El ritualismo tiene por función social el refuerzo del sentido de pertenencia a través de la exaltación emocional. En el rito, la comunión del grupo se experimenta como confraternidad, por tanto como alegría. El rito saca a relucir el lado amable de la ley. Celebra el momento de la unidad que justifica la obediencia a la norma, pero de forma tan especial, tan artificial, tan divertida, que uno se olvida de que hay normas y de que el juego del ritual tiene un papel muy serio, el de lograr la sumisión individual, y hacerlo de tal forma que no parezca una pesada obligación o un deber que puede en todo momento cuestionarse.

Hasta cierto punto, el ritual es por tanto independiente de la cualidad normativa a la que va referida. Incluso se puede disfrutar como fuente de adrenalina y luego «traicionar» su espíritu no obedeciendo las normas implicadas. De ahí el refrán, especialmente certero para el caso de los rituales religiosos: «A Dios rezando y con el mazo dando». El hecho de que una comunidad se aferre a sus rituales no dice nada, por consiguiente, del grado objetivo que tenga el «yugo de la ley». En las comunidades donde hay más coherencia entre las observancias ritualísticas y la obediencia a las normas a las que se refiere el ritual, no nos libraremos de hacer el análisis acerca de la extensión y de la intensidad de la vida pública y privada regulada. Y podremos establecer seguramente líneas rojas pasadas las cuales nos parecerá, a la luz de la sensibilidad de los derechos humanos, no tan alejada de la de Levinas, una sumisión inconcebible, contraria a la libertad. Ya sabemos que tal libertad no es exactamente aquella de la que habla Levinas como concepto en su filosofía. Pero está claramente relacionada. Una persona que viva en una comunidad donde todos sus actos están absolutamente reglados no se distingue mucho de un robot que repone su energía juntando las manos en los rituales con los otros miembros. Podemos imaginar una comunidad así en la que no haya hambre de alimentos, ni homicidios, ni enfermedades, ni dolor. Pero incluso allí seguiría siendo posible el humanismo del Otro de Levinas, mientras el rostro del Otro sugiriese algún tipo de existencia humana exterior y enigmática, una intuición que permitiera imaginar perder el sentido de la soledad e incomunicabilidad. Incluso allí, la idea de una libertad sin elección como movimiento hacia el otro sería posible, como lo sería la intuición de una fuente de adrenalina diferente, una fuerza «erótica» diferente, más atractiva que la del ritual, por ser mas espontánea.

Aclarado este punto, todo parece indicar que, en el último tramo del siglo xx, Levinas quiere pensar, y así lo expresa, que los pasos de integración dados por la Comunidad Europea podrían en el futuro «desplazarse en su línea de sabiduría, de la justicia y el Estado a la idea de caridad» (1990: 15). En este punto, Bauman era menos optimista que Levinas, y no solo por compensar la filosofía con la sociología más que Levinas, sino porque, fallecido en 2017, tuvo tiempo de vivir los primeros escarceos de la política internacional en el siglo actual. En ocasiones, declaró cómo, a su entender, la crisis de las instituciones democráticas, y en concreto del Estado nacional vienen de la incómoda situación de interdependencia en la que les coloca la globalización, cuyo contexto cultural es muy distinto del que les vio nacer, a principios de la época moderna[4]. Recordemos que el Estado nacional tiene unas raíces muy largas que se observan ya en el Medievo, a partir del siglo xiv.

La visión de Bauman de una *modernidad líquida*, en el año 2000 –continuada después como una saga en otros ensayos relativos al tiempo, la vida y el amor– por tanto, sobre una sociedad que hace literalmente aguas, no parece tan optimista. Dos años antes –tres hacía que había muerto Levinas– había publicado *Globalización*, donde observaba con preocupación cómo el nuevo estatus social basado en el movimiento como criterio de libertad, polariza peligrosamente a la población: «Algunos de nosotros –ironiza– disfrutamos de la nueva libertad de movimiento sin papeles, mientras que a otros no se les permite quedarse donde están precisamente por la misma razón» (1998: 87). Los primeros viven en el

---

[4] https: //elpais.com/cultura/2015/12/30/babelia/145150 4427_675885.html

tiempo. Los ciudadanos del primer mundo viven en el tiempo –a bordo–. Los del segundo en el espacio. Para estos últimos, el tiempo es nulo, pura monotonía, algo que no deja huella, algo que solo tienen estructura y secuencia en las pantallas. En realidad, el problema de la libertad no viene solo de la globalización sino de la sociedad de consumo, algo que recuerda en este ensayo pero que remite a una obra publicada con ese título diez años antes. En buena parte, la falta de compromiso, por tanto de responsabilidad en la línea de Levinas, viene dada por la socialización en el desapego a las cosas debido a los hábitos de consumo que tienden a sustituirlas de forma compulsiva, más allá de la necesidad que puede implicar su uso. «La cultura de la sociedad de consumo –escribe– tiene que ver más con el olvido que con el aprendizaje» (1998: 82). La diferencia con los primeros tiempos de la época moderna reside en que ahora la autonomía, el ideal de vida autoafirmativo del individuo, queda reducida a la libertad de elección en el consumo al tiempo que se extiende a la mayoría de la población y deja de ser una élite formada.

El Otro como enemigo

En las últimos treinta años, nuestras relaciones sociales han cambiado. Cada vez ocupan más tiempo las que se mantienen con personas desconocidas e invisibles, a través de las pantallas. En este tipo de comunicación el Otro sufre un proceso de desmaterialización, pierde realidad. El rostro virtual se desvirtúa. La llamada a la responsabilidad deviene «señal» que se debilita y corre el riesgo de perderse en el agujero negro de la red. La desnudez que muestra la herida de la vulnerabilidad se maquilla. El Otro, el que está próximo, el presente presencial, es de carne y hueso. La carne está cubierta de piel. Para Levinas la vulnerabilidad es «la vulnerabilidad de una piel ofrecida en la otredad y la herida (1972: 92). Pero la piel virtual no esconde carne y hueso sino que desmaterializa la existencia enterrando sus restos bajo una tela de pixeles. La vulnerabilidad, añade en el mismo párrafo, es comparable a «una villa que se declara abierta ante la llegada del enemigo». Curiosamente, en nuestra época, esa afirmación se materializa en las pantallas a través de las cuales interactuamos con el mundo cada vez más. Y el enemigo entra, efectivamente. Sobre todo entre los más jóvenes. Un 55% de los españoles entre 14 y 24 años reconoce que mira el móvil constantemente. Un 34% afirma haber sufrido alguna forma de maltrato. Un 70% cree que el acoso en internet es mucho mayor del que se dice. Gran parte del peligro del acoso escolar actual se debe al impacto de las TIC (Pérez Vallejo y Pérez Ferrer, 2016: 11).

El porcentaje de jóvenes que accede a páginas donde se divulgan mensajes de odio es de un 38,1%. Un 22, 2% visitarían otras más específicas donde se explican maneras de hacer daño a otras personas (Megías y Rodríguez, 2018).

Pero «el enemigo» no se marcha de rositas. En cualquier momento del día y de la noche, miles de internautas juegan a matar al Otro convertido en enemigo en un videojuego. Un 41,5% de los jóvenes españoles de 15 a 29 años consume videojuegos (Ballesteros, Megías y Rodríguez, 2020). *PlayerUnknown's Battlegrounds* es uno de los más populares en las listas de ventas –más de 50 millones–. Se trata de un juego de batalla en línea multijugador, donde el objetivo, como puede leerse en Wikipedia, es «matar a otros jugadores mientras evitan ser asesinados». ¿Qué efecto tiene la virtualización de la muerte en un contexto social en el que se pierde el contacto material con la muerte real, por ejemplo dejando de velar a los muertos en casa? Y en segundo término, ¿qué efecto puede tener que la mayor parte de la muerte que se ve en las pantallas, que alimenta nuestra concepción de la muerte por tanto, sea violenta, tanto por activa como por pasiva, es decir, tanto en las series, películas, informativos y documentales, como en los videojuegos? ¿En qué sentido el hábito del ciberjugador asesino, supone una violación de la regla suprema del humanismo del Otro *no matarás*? La muerte del Otro en la pantalla, compartida además, en el juego colectivo, ¿socializa en la violencia? ¿No queda esa muerte desfigurada como queda la vida del otro encarnada en la piel y el rostro del Otro?

Algo se aprende siempre, algún resto queda, sobre todo en los más jóvenes. La muerte queda convertida en materia de diversión. Pero para Levinas, con la muerte, pocas bromas. Para él, la muerte «admite el orden de la responsabilidad en el que la gravedad del ser ineluctable congela todo reír» (2002: 214). La muerte no se contempla como el fruto maduro del cuidado. La falta de respeto a la muerte, la falta de responsabilidad para con la muerte, nos enseña indirectamente a faltar el respeto a la vida del otro, a no ser responsables de su cuidado. El enemigo, cualquiera que sea el motivo por el cual así lo concebimos, no se percibe como un ser vulnerable sino como una identidad que amenaza la mía en un juego de suma cero que es el mundo.

La muerte tiene dos caras. La del Otro y la propia. La cultura les da color. Ambas están evidentemente conectadas. La frivolización de la muerte en la actualidad está detrás el aumento de suicidios entre los más jóvenes en los últimos tiempos. La falta de responsabilidad ante al Otro, consecuentemente, implica también no solo carencias en la cultura del cuidado del Otro sino en la del autocuidado.

2
Entre la autonomía y la heteronomía

La heteronomía autónoma de Levinas

La subjetividad heterónoma es el mensaje central de la filosofía de Levinas. Pero la autonomía es el mensaje complementario que podemos leer desde el punto de vista metasociológico. Durkheim subrayaba la conciencia de persecución de los judíos, haciendo de sus comunidades fragmentadas núcleos fuertemente solidarios (2003: 151). Además, su religión disponía de un conjunto detallado de prescripciones éticas en la Torá, una especie de recetario para salir al paso de los problemas que se presentan en la vida cotidiana. En Wikipedia se define el Talmud como un «inmenso código civil y religioso». Ambos aspectos resultaban fundamentales para entender, en el marco de su teoría, por qué los judíos se suicidaban menos que los protestantes. Estos últimos debían interpretar la Biblia individualmente, lo que les colocaba en una situación de mayor soledad y angustia. Los contextos culturales que favorecen el individualismo permitirían más cualquier tipo de desviación o ruptura de normas, debido a la desorientación que provocan. La moraleja del relato del sociólogo francés es clara: puede que la autonomía sea un rasgo memorable en los sabios, como querían los antiguos, pero para el común de los mortales supone una carga demasiado pesada.

Ahora bien, ninguno de esos dos aspectos pueden aplicarse directamente a Emmanuel Levinas ni al nutrido grupo de ínclitos pensadores y artistas judíos que emergen en la convulsionada Europa de la primera mitad del siglo xx. Sus obras se han convertido en referencias clásicas de la historia, y de tal modo, que sus gigantescas figuras constituyen la negación o la excepción de la disolución de la individualidad en la comunidad. Si se editara en un libro todo lo escrito por Levinas, podría ponerse al lado del «inmenso» Talmud. Pero serían dos libros distintos. Si Levinas pensó y dio forma a una filosofía, si era tan consciente de ello que en sus cuadernos de notas se refería a ella como «mi filosofía», solo podía ser porque sintió la necesidad de crearla, es decir, de que había un vacío que no llenaban las leyes, costumbres y leyendas judías. Su obra es autónoma. Pero en ese caso no ha podido surgir sino como consecuencia de su autonomía personal. Su trabajo demuestra la insatisfacción relativa con la cultura moral judía. Eso supone un conflicto de identidad que todos los intelectuales judíos de la época tuvieron que enfrentar. Es cierto que la persecución nazi reforzó o despertó la su identidad –Freud, Canetti, Elías o Arendt–. Pero el dilema central estaba en cómo lograr el equilibrio entre las dos pertenencias, la judía y la nacional. Kafka se refiere en sus diarios a «El desprecio de los judíos orientales por los judíos de aquí», siendo que los primeros conocerían la razón de ese desprecio pero los judíos occidentales no (2004: 604). De modo que podían seguirse, en diferentes grados y en diferentes épocas, estrategias de integración o de disociación (Sahuquillo, 2012: 26).

Reyes Mate y Juan Mayorga consideran a Kafka un «avisador del fuego» del Holocausto. El malestar de la civilización moderna hace que los espíritus sensibles avisen de los riesgos, a veces analizándolos, otras imaginándolos. El problema de la identidad cobra un brillo especial en el caso de Kafka: el entrecruce de sus raíces judías y familiares (no tanto nacionales). Su padre como vicario de Dios, de la autoridad sagrada e incuestionable. El padre es la ley. El hijo, la imperfección del ser que nunca puede cumplirla del todo. El hijo está maldito por naturaleza al tender instintivamente a la ruptura de la norma. Nunca será del todo, por ese motivo, del agrado del padre. No hay hijo perfecto, de ahí el sentimiento omnipresente de culpa. Pero sí que hay padre perfecto, porque la ley no tiene otra ley superior a la que rendir cuentas. El padre es la última instancia de apelación. El trasunto religioso es evidente en el cristianismo. Cristo: «Hágase tu voluntad y no la mía». Ese es el sacrificio. El padre sacrificando al hijo. Kafka representa la figura del hijo cuya esperanza es, en realidad, nostalgia de una ley que no se reduzca a un castigo y desencadene la maldición de la culpabilidad (Mate y Mayorga, 2002: 103). Esperanza de un Dios compasivo con el dolor del hijo en la cruz de cada día que a todo hijo de la tierra le toca cargar, de forma tal que no se le tenga que perdonar porque no hay nada que perdonar, porque no hay deuda generada.

Pero si Kafka era sensible a la familia autoritaria moderna, Nietzsche era sensible a la legitimidad religiosa de esa autoridad heredada del cristianismo. Puede que Kafka fuera un avisador del fuego nazi. También puede que Nietzsche tuviera razón y Epicuro fuera un avisador del fuego cristiano. En *El Anticristo* escribe que Roma se estaba rindiendo a los encantos de Epicuro, que se había rendido ya, debido al esfuerzo de este por combatir «la corrupción de las almas por el concepto de culpa» (Nietzsche, 1990: 103). Y al hacerlo, habría combatido el cristianismo latente que se estaba gestando en la cultura de la época. Para Nietzsche la filosofía de Epicuro no es tanto una vacuna contra el paganismo como contra la pesada carga de la idea de la inmortalidad, por la deuda moral que genera. Pero entonces apareció Pablo, al que Nietzsche llama *el judío par excellence*. Porque Pablo, como todos los sacerdotes, habrían heredado de los judíos el concepto de Dios como voluntad rebelada e incuestionable. El propio Kant habría sido seducido por ese hecho, al exhibir el famoso imperativo categórico que priva a la persona de elegir entre la verdad y la no-verdad, que establece que hay cuestiones que están por encima de la razón humana. La nefasta consecuencia de aquella influencia es la alienación que conlleva, al obligar al ser humano a renunciar a la razón y a la libertad de poder elegir.

Pero lo interesante de Kafka, su verdadera aportación en términos de presciencia, es cómo capta el siguiente paso de la evolución de la cultura moral, a saber: cómo la voluntad patrística y teológica, tradicional y primitiva, totémica en términos freudianos, se vuelve abstracta e invisible, se desliga del significante, se desmaterializa y se fragmenta al mismo tiempo en un sinfín de normas aparentemente anodinas. La ley se transforma en norma y así se disfraza de humildad. La voz de Dios se deshace en ecos distorsionados de miles de legisladores amparados en la razón. La imagen adorada, el ídolo se difumina en la niebla o se destruye (a esto contribuye el protestantismo). La arbitrariedad de la ley se sustituye por la supuesta objetividad de la norma. Solo el derecho positivo y su racionalidad instrumental pueden ser admitidos en la cultura moderna. La nueva normatividad parece incluso ofrecerse orgullosamente como una reacción opuesta a la vieja ley. Lo que Kafka y otros grandes escritores captan es que tal alternativa es falsa, que en realidad es un simple disfraz bajo el que se esconde el mismo espíritu mortificador, capaz de generar una angustia constante en el ser humano. No hay libertad sino angustia en la nueva forma de organización social basada en la administración funcionarial y objetiva. No hay libertad sin autonomía: «En la ley misma está todo contenido: acusación, defensa y sentencia, la intervención autónoma de una persona aquí, fuera sacrilegio» (2003: 125). La dominación racional legal, sigue siendo una forma de dominación que somete a las almas a la tribulación. La objetividad es la otra cara de la subjetividad.

De todo esto no puede sino deducirse el valor de la autonomía de estos intelectuales. Visto desde el ángulo de Durkheim, la prueba de la autonomía estaría en sus sensaciones de incertidumbre vital reflejadas en las tribulaciones a la hora de crear sus obras. De ser un extranjero que se observara a mí mismo, confiesa Kafka, se vería «consumido en dudas constantes» (2004: 604). La duda es la prueba de la autonomía de Levinas y la contraprueba del sentimiento de pertenencia comunitario judío aludida por Durkheim. Pero la duda es también el alma de la filosofía. La autonomía es un duro y eterno pulso vital contra la duda para ciertas personas, como Levinas.

Esta condición, en la que el autor desarrolla su propuesta del humanismo del Otro, no contradice el contenido de su mensaje de la subjetividad heterónoma pero debe considerarse para no caer en posibles lecturas simplistas que separen completamente los conceptos de autonomía y de heteronomía. La tensión identitaria vivida por los intelectuales judíos del siglo pasado puede comprenderse como un reflejo de la tensión entre esos dos términos, un equilibrio difícil que debe alertarnos en la actualidad para no formar parte de bandos opuestos, como el que defiende la Ilustración o el que lo ataca. Esta conclusión muestra su correlato en el mundo de la educación. Si la duda es la inspiración de la ciencia, su reflejo didáctico no puede ensombrecerla. No puede comportarse el docente como un sabelotodo. Tampoco puede el sistema educativo ofrecer recetarios enciclopédicos que eliminen el proceso de inquisición. Porque etimológicamente, estudiante es el que inquiere, el que se cuestiona las cosas. Ni debería intentar encorsetar la vida espontánea de los escolares en protocolos de actuación y códigos normativos que digan cómo deben comportarse los actores escolares en cada situación. Los protocolos existentes ante el acoso escolar, que tanto abundan en nuestros días, no logra impedir el aumento de este tipo de conductas que son, no lo olvidemos, antes que nada, antiéticas, en el sentido de Levinas. Para este filófoso, los códigos tradicionales judíos, con todo lo completos que podían ser, no eran suficientes. Sí que eran completos y cómodos. Porque, es muy sencillo acudir a una norma y obedecerla cuando tenemos un problema. Pero eso precisamente es lo que puede provocar la ruptura con la ética, la indiferencia ante el sufrimiento del Otro, la falta de responsabilidad. En ese sentido, podría leerse el esfuerzo de Levinas como un intento de simplificar las cosas y cambiar el criterio de actuación. En vez de seguir el fácil camino de la norma, investigar cada caso y actuar después de reflexionar teniendo en cuenta todos los aspectos posibles, obviamente dentro de unos límites razonables.

LA HETERONOMÍA COMO RESPUESTA A LA PARADOJA DE LA LIBERTAD

¿Qué papel tienen la comunidad y la libertad en la obra de Levinas? El hecho de que su pensamiento haya sido concebido en la circunstancia especial de la persecución, no individual sino colectiva, permite vincularlo a algunos antecedentes como el caso de Epicuro. Este también construyó su filosofía probablemente sufriendo el desplazamiento forzado de su familia, en su condición de colono ateniense alojado en Samos. «Los Tracios les perseguían. Los dioses les odiaban», escribió Murray. «Sangre, pillaje, muertes, es el tiempo de Epicuro», continúa relatando Paul Nizan (1976: 10). En este tipo de contextos, la filosofía tiene la misión urgente de dignificar la vida, de librarla de la desesperación en la medida de lo posible. Para ello debe fabricar un refugio mental, mezcla de realidad e imaginación, de sentido común, de pensamiento crítico y de sueño. La libertad y la autonomía no puede venir de la justicia y las leyes humanas, puesto que estas les han convertido en víctimas. No puede llegar del exterior sino del interior de la persona. A ello se suma el análisis crítico de la situación de los poderosos y la certeza, como conclusión, de que los supuestamente privilegiados, los ricos o los ciudadanos libres, quienes gozan de los máximos derechos, no son felices ni libres. A esta conclusión puede llegar también un filósofo que experimentó la esclavitud, como Epicteto. O el propio Levinas, para quien los miembros de la pequeña burguesía llevan una existencia bastante mezquina y miserable, cargados de obligaciones y equivocados en sus objetivos existenciales y en la escala de valores y de placeres que persiguen. Recordando a Rousseau y a Byron, Levinas describe un sujeto burgués que se percibe subjetivamente como autosuficiente, por lo tanto pre-potente en su acción, protagonista de la historia, *siendo*, a secas («el ser *es* y punto»), para el que la insuficiencia solo se comprende como limitación, no como pista de su finitud. Un personaje, por tanto conservador en su actitud vital que conecta perfectamente con «el ideal de paz y equilibrio de la filosofía occidental (el cual) presupone la suficiencia del ser» (1999: 77). Es en este sentido que Derrida puede inferir de la lectura de Levinas que la fenomenología y la ontología serían filosofías de la violencia (Derrida, 1989: 124).

Epicuro llega a decir literalmente que la autarquía es la mayor de las riquezas. El ideal filosófico que emerge es el del sabio que busca la autosuficiencia a través la ataraxia, la independencia máxima de los otros. Algo lógico si se parte de que estos otros aspiran a someterlo y hacerle sufrir. Para el prisionero la libertad es una bien interior, no social. Estando preso se puede ser libre, mientras que los que no lo están pueden ser esclavos de sus instintos y valores.

Esta visión paradójica de libertad se encuentra también en la religión, puesto que su función social auxiliar es similar a la de la filosofía. De hecho, no solo el judaísmo, sino en general las grandes religiones basadas en el ascetismo, siguen el camino del trabajo individual y solitario a través de la oración y la meditación para alcanzar la libertad. Tanto el budismo como el cristianismo parten de la vida como sufrimiento. En el catolicismo el relato y el metarrelato enfatiza la trama central de la persecución. El misticismo poético católico se deleitará en la paradoja celebrando la oportunidad de identificarse con la figura divina y el modelo ético que entraña como medio para soportar la conciencia de sufrimiento. Ahora bien, la naturaleza paradójica de la libertad no es exclusiva de esta condición «negativa» sino que se observa igualmente en las circunstancias de razonamiento opuestas en las que se confía en la colectividad. Si creemos que la libertad es un bien social entonces debemos ceder una parte para poder convivir. Eso llevó a Rousseau a protagonizar uno de los enunciados más llamativos de las concepciones paradójicas de la libertad. Si alguien se negara a obedecer el pacto social, la voluntad general, será obligado a hacerlo, es decir, se le obligará a ser libre. La razón, como observa Sabine, es que el individuo en cuestión no sabe lo que le conviene (1981: 434). La historia ha demostrado que las ideologías políticas opuestas han desembocado en sistemas dictatoriales que dictaban las normas de comportamiento sin el consentimiento del ciudadano porque este, siguiendo el punto de vista de la Ilustración, no sabe lo que realmente le conviene y necesita una autoridad que lo ilustre, lo ilumine, un padre.

La originalidad de Levinas es que, pese a compartir la condición paradójica de la libertad, se separa de ambas corrientes. Frente a la autonomía del sabio, propone la heteronomía, pero no una basada en la reciprocidad, por tanto en el pacto jurídico. La autonomía del sabio corre el riesgo de la falta de compromiso y por lo tanto de responsabilidad para con el otro, algo que puede discutirse en el caso del budismo. Puesto que el budismo practica la compasión, cultiva la austeridad y busca la armonía con los otros y la naturaleza, ese riesgo no existiría si fuera practicado con coherencia por la mayor parte de los miembros de una comunidad. Pero si no se cumple esa condición, la energía gastada en la concentración individual no logra repercutir en el bienestar general sino, tal vez, a muy largo plazo.

Levinas abre así una vida intermedia: supera la desconfianza en los otros de algunas de las más importantes filosofías clásicas de los refugiados, pero sin depositarla en la racionalidad política y jurídica de la comunidad. Evita así el peligro del solipsismo y la connivencia con la injusticia social pero sin pagar el precio de un cheque en blanco de lealtad a la comunidad. Hablando propiamente, esta solución intermedia limita el concepto de autonomía. Ni la autarquía absoluta política o filosófica, de la dictadura o del sabio, ni la autonomía basada en las complejas arquitecturas de los pactos entre diferentes sistemas normativos territoriales que coexisten hoy en día provocando conflictos por solapamientos, desorientación, indefensión; y sobre todo y por encima de todo, provocando la pérdida de visión, en ese bosque frondoso, de lo importante, del árbol, es decir, del Otro. Porque el Otro es el árbol y la sociedad es el bosque.

¿Por qué es tan importante la compensación que nos ofrece Levinas con su propuesta de heternomomía del concepto clásico de autonomía? Porque la autonomía debe implicar no solo autoconocimiento sino autocuidado. Y aquí asoma el riesgo a través del prejuicio de la sabiduría. «Tener piedad de uno mismo: otra cosa que ser egoísta» (2013: 97). Esta frase de Levinas, anotada en sus cuadernos del cuativerio, recuerda a aquella otra de San Agustín: «el amor al prójimo comienza por el amor a uno mismo» (Serm. 178, 8). En la época de la razón, conocer es lo más importante, más que cuidarse, incluso a costa de cuidarse, con tal de descubrir, dentro del movimiento del entusiasmo de la conquista del mundo, en el cual, uno mismo y su cerebro es un objeto fantástico del que se sabe tan poco como un planeta del espacio exterior; un desafío para el científico. El autocuidado supondría una interrupción de esa acción exterior vuelta hacia el interior, un paréntesis que suspende toda acción, incluso la aparentemente ingenua y de otro signo como es la meditación. Pues esta lleva en última instancia, es decir, en sus niveles más altos de concentración y experiencia, a un fin parecido al del científico, no en vano se trata de dos formas de conocimiento. Pero desde la perspectiva de Levinas posiblemente habría que ver el autocuidado separándonos de ese enfoque. Habría que pensarlo desde la emoción, desde los recuerdos, desde la intuición. Intuición de un existir que no se puede comunicar, lo único absolutamente intransferible. Lo que significa que no se puede tampoco aprehender con pensamientos organizados y luego empaquetarlo en un discurso verbal y escrito coherente. Debe ser sentido-presentido.

Levinas padeció un confinamiento lo suficientemente largo y estricto como para experimentar el abandono, aunque no tanto como para no poder leer y reflexionar sobre él. Sus seres queridos murieron. El pensamiento al que dio forma parte de esa convivencia con el sufrimiento que sobrepasa el ámbito cognoscitivo. Entre sus lecturas figuraban poetas como Alfred de Vigny y Santa Teresa. Podría hacer suya fácilmente la frase del primero: «amo la majestad de los sufrimientos humanos (1920: 156). O identificarse con la mística cárcel interior –la sonora soledad– de la segunda, cuando en el poema dedicado a San Hilarión Anacoreta escribe: «Sigamos la soledad/ y no queramos morir/ hasta ganar el vivir/ en tan subida pobreza». Y es que los santos ermitaños son invocados por Teresa de Jesús en su *Camino de perfección* como modelo de «abandono», en el sentido que le da Levinas, como ejemplo sufrimiento solitario y callado (1998: 84). Después de todo, si Dios habla en la soledad del sufrimiento y en el sufrimiento del abandono, también lo hace a través del rostro del otro, incluso cuando no se sabe a ciencia cierta si se cree en Dios, o se piensa que nos ha abandonado –«Eli, "Eli, lĕma" šĕbaqtani»– Mt 26,47–, o, como los materialistas de la antigüedad, como Epicuro, se advierte que los dioses viven en felices en una dimensión aparte, felizmente incomunicados de los seres humanos para no ser contaminados por estos –«Es estúpido pedir a los dioses las cosas que uno puede procurarse por sí mismo» (2019: 104).

La vulnerabilidad es la obsesión por los demás, por aproximarse a ellos en el sentido no solo de ser consciente de su proximidad sino de ponerse en su lugar, de soportarlos, de hacerse cargo de (1972: 93). Pero hay un paso más. En sus cuadernos de cautiverio observa que no se trata solo de ponerse en el lugar del otro sino de «experimentar el abandono del otro». Y añade: «cosas que solo son visibles desde fuera« (2013: 97). Es decir, puedo comprender mejor mi sufrimiento si vivo indirectamente el del otro, para lo cual debo salirme de mí, dejar de mirarme al ombligo, según una expresión popular que aquí es especialmente oportuna. Solo siendo capaz de olvidarme por un momento de mis problemas y males puedo relativizarlos, valorarlos con más precisión. Al ver el problema y el sufrimiento del otro tengo un referente para comparar el mío y dejar de magnificarlo, cosa que ocurre normalmente. Por tanto, el sufrimiento del otro me ayuda a sobrellevar el mío poniéndolo en su justo lugar. De la misma forma y secundariamente, me ayuda a comprender mi soledad, un estado que en ocasiones puedo asociar al sufrimiento porque en ocasiones es causa de malestar.

Levinas pudo experimentar el abandono de sus compañeros en el campo de concentración. Los confinamientos sufridos a causa de la pandemia desencadenada por la COVID-19, en 2020, nos ha permitido, *mutatis mutandi*, hacer lo propio. Muchas personas no han podido despedirse de sus padres o abuelos, heridos mortalmente por el virus. Ver de cerca la pobreza extrema o la enfermedad grave, presenciar situaciones donde la vulnerabilidad como herida está claramente abierta, permite vivir el abandono.

Cómo llegar a sentirse *rehén* del otro. El ejemplo del profesor

En la escuela hay una reminiscencia del abandono. El alumno se sienta indefenso ante la autoridad del profesor y de la cultura escolar, desde la disposición espacial de las sillas y el estrado hasta la cadena de instrucciones burocráticas que debe seguir, más allá de las que se desprenden de los contenidos. El alumno sabe que no sabe y ese no saber flota en el ambiente, separándolo de los que saben más, del profesor que sabe más y de los libros y otros adultos que saben más. La brecha es evidente. Una brecha es una herida. La vulnerabilidad del alumno es lo suficientemente evidente como para que podamos sentir en ciertos momentos su situación de abandono. En la enseñanza virtual, la brecha es más evidente. La llamada brecha digital constituye una herida de rango mucho mayor, pero con una condición paradójica. No me permite detectarla, no me permite experimentar el abandono en la piel del Otro porque está ausente. La educación telemática obstaculiza el objetivo de Levinas, obstaculiza su posibilidad ética. Algunos filósofos de la educación no dudan en afirmar que «sin ética no hay educación posible» y que es posible que esta pase por la «transmisión testimonial», algo que podría favorecer el ejemplo pedagógico de los grandes creadores y artistas (Mèlich, 2010: 58-59).

En efecto, cada vez se reclama más el papel de la narrativa como parte de la formación de muy diferentes profesiones, como la medicina o las ciencias sociales y jurídicas. El historial clínico o anamnesis está relacionado con la memoria. La reflexión sobre los recuerdos da sentido a la vida y ayuda a mejorar el bienestar. Forma parte esencial de la práctica literaria, especialmente de los grandes maestros que usan el material bibliográfico, como Marcel Proust en su monumental novela *En busca del tiempo perdido*. Es posible realizar una lectura del mismo que extraiga las técnicas básicas para trabajar y exponer los recuerdos (Gil Villa, 2020). La ventaja de estos posibles talleres literarios en la escuela es doble, desde el punto de vista de los planteamientos de Levinas. Por un lado, sirven para que el otro, el alumno, sea consciente de su vulnerabilidad a través de la de sus compañeros y de la reconstrucción de la suya propia. En segundo lugar, sirve como herramienta para comprender el abandono de los otros, de los que pasan hambre, de los que sufren violencia doméstica o de género, de los refugiados, de los enfermos, cuyos testimonios pueden ser llevados directamente a las aulas con la mediación del profesor. Por último, cumple una función más abstracta pero no menos importante, la de ayudar a comprender la relación general con el Otro.

Al menos le sirvió al mismo Levinas, quien recordemos que, por otra parte, tuvo la ambición de ser novelista (Calin y Chalier, 2013: 15). Su lectura de Proust fue iluminadora para su teoría: «El misterio de Proust es el misterio del Otro», llegó a escribir (1984: 163). Para Levinas, en Proust podemos aprender que el yo se desdobla continuamente en otro yo con el que no conseguimos conectar del todo, como si una parte de nosotros nos resultara extranjera, una barrera extraña que intentamos pero no logramos superar. Bien entendido que no se trata de un monólogo. Aprendemos sobre nuestras emociones viéndolas reflejada en el otro. Somos extranjeros para nosotros mismos porque vemos que el otro lo es para sí mismo, que no se pertenece del todo, que sufre un inquieto abandono dentro de sí mismo. Levinas describe al escritor francés no como un pintor de costumbres sino como «el poeta del hecho social: del hecho de que para mí hay otro» (2013: 39). Y aún cabe añadir un segundo matiz importante para comprender la virtud del taller literario como práctica educativa de la propuesta ética leviniana. Se trata del tema de la soledad, ya implícito en la idea comentada del abandono. Si estamos interpretando bien las notas de Levinas, Proust iría más allá del juego de ocultación que hacemos las personas en el teatro de la vida cuando nos relacionamos, especialmente en relación a nuestros estigmas, por usar la terminología de Goffman, las distintas estrategias usadas para manejar la información sobre nuestra vida (1963: 114 y ss.). Por cierto que el estigma alude etimológicamente a la cicatriz y por tanto a la herida del esclavo, marca pues que remite a la circunstancia original de la persecución, presente en la filosofía de Levinas. No se trata de jugar al escondite. La escena se comprende antes de la entrada en juego de la manipulación psicológica del Otro para evitar que me estigmatice, antes del juego de las resistencias, más allá de la lógica del poder, coherentemente con la exposición teórica expresada en *Ética e infinito*. Antes, o podríamos decir, paralelamente. En todo caso, el juego de poder no es lo único que anima la vida social, el único motor de las relaciones sociales, un reduccionismo en el que han podido caer algunas corrientes sociológicas. «Mi soledad es lo que interesa al Otro, y todo su comportamiento es un agitarse alrededor de mi soledad» (2013: 84).

Proust se agita ante la soledad de Albertina en el tomo de *La prisionera*. Albertina no es la prisionera de un posible narrador enamorado sino de sus propias contradicciones, que al ser observadas provocan en el otro el dolor de la incomprensión más que en el propio sujeto. Es el narrador el que se siente prisionero de Albertina, es decir, el yo del Otro: «Es terrible tener la vida de otra persona atada a la propia como quien lleva una bomba que no puede soltar sin cometer un crimen» (Proust, 1988: 194). Esta frase del escritor parece encajar como anillo al dedo al pensamiento teórico de Levinas: «El otro invoca al yo como rehén insustituible» (2002: 41). Por eso es tan significativo el caso de Proust para Levinas, porque es un buen ejemplo de la relación ética, del ser para el otro sin haberlo solicitado, más allá de la voluntad. La condición de Levinas de una paradójica libertad sin elección comunica con la condición de la narrativa de Proust de la memoria involuntaria. La relación con el Otro está más allá de nuestra voluntad, se impone.

Si uno es el rehén del Otro, entonces el profesor es el rehén del alumno. El alumno es el *otro generalizado*, como concepto teórico, como alumnado. Pero esta abstracción se desmorona en la sala del aula, donde lo único que existe es un conjunto de otros individuales, completamente diferentes, abandonados a sí mismos en su soledad físicamente reducida a un espacio pequeño donde se sientan, insustituibles. De hecho, las apariencias y la organización de la enseñanza basada en la sincronización de las tareas pueden hacer que el docente trate a los alumnos como números, como iguales, como entidades intercambiables, atentando contra la asimetría básica que le debería recordar el principio de responsabilidad para con el otro. Empujan además en el mismo sentido otros rasgos básicos de la organización escolar como la homogeneidad de los competidores por la selección de edad o la evaluación continua de las tareas de los alumnos, que además están estandarizadas, es decir, son las mismas para todos y deben ser medidas por el mismo rasero, independientemente del punto de partida.

El sistema de evaluación es especialmente incompatible con los principios de Levinas, puesto que impone en el aula la lógica de la reciprocidad contable. Si alguien derrocha su crédito moral será etiquetado negativamente, no perdonado. Cuando se produzcan situaciones comparables con la parábola bíblica del hijo pródigo, que después de pedir su herencia, irse y malgastarla, volvió arruinado y fue acogido con una fiesta de bienvenida en la que el padre anfitrión no escatimó en agasajarlo (Lc 15: 11-13), la reacción del resto de los alumnos, equiparables simbólicamente a los hermanos, y del profesor, que ejerce el papel de anfitrión, son bastante predecibles. Ni filosofía del perdón ni filosofía de la acogida, por tanto, nada de ética, bajo la excusa de que en el mundo exterior, más allá de las cuatro paredes de la escuela, el mundo no perdona, siendo la misión del docente la de preparar a los alumnos para ese mundo cruel. El sistema de enseñanza, de esta forma, invierte la situación propuesta por Levinas. El alumno es el rehén del profesor, es decir, el Otro es mi rehén, y no al revés, algo lógico en las *instituciones totales*, como el ejército, los hospitales y las fábricas tradicionales, donde el otro es igual a cualquier otro, uno más.

Podemos invertir la situación, en cualquier momento y en cualquier aula. Si el profesor se decide a hacer caso a Levinas y asume que es el rehén del alumno, de cada alumno, lo verá como el narrador de Proust ve a Albertina. Se ve al alumno en su vulnerabilidad. Puede que Albertina no sepa lo que quiere, como le ocurre a veces al alumno, pero eso también caracteriza al profesor, que representa el papel de observador maduro, de adulto supuestamente equilibrado.

Y en este punto surge una ventaja de la cultura tardomoderna que puede ser aprovechada por el profesor para retomar el rumbo del humanismo altruista de Levinas. Y es que, a diferencia de sus recientes antecesores, el docente actual, como cualquier figura de autoridad, ya no está tan seguro de su poder, ni de su identidad. Se siente mucho más vulnerable que el profesor de hace cincuenta o cien años. Eso debería ayudarle a comprender la vulnerabilidad del alumno, a valorar en general la vulnerabilidad como rasgo del Otro, pero en particular, de quien tiene más cerca y muestra más claramente la herida; también porque, por su edad, es mayor en principio que la suya propia. Porque la juventud tardomoderna carece de relatos coherentes que le otorguen identidad, antes proporcionados por la familia, la ideología política, el trabajo o la religión. Si los adultos de la sociedad global se sienten lógicamente desorientados ante la incertidumbre del cambio social constante, los niños y jóvenes aún lo acusarán más. La responsabilidad, como llamado ético que tiene planteado cualquier adulto ante la presencia del Otro, cobra más relieve en el aula, ante el Otro que clama orientación con su rostro o su presencia, sin necesidad de usar el lenguaje, como miembro de un mundo plagado de incertidumbres, como un navegante que llega de turbulentos mares familiares, vecinales, y sobre todo, virtuales. Porque si mundo real es impredecible, más lo es la red. Si nos sentimos perdidos en una sociedad global que, precisamente por su carácter global ha quedado reducida a una «aldea», más perdidos nos sentiremos en el espacio infinito en el que navegamos como internautas.

Un docente se puede considerar así rehén del alumno como el narrador de Proust se siente atado al personaje de Albertina. La quiere, la ama, como de algún modo el profesor debe amar al alumno, sumido en la corriente de la colectividad del aula. Levinas se muestra contrario a definir la colectividad por un rasgo externo que comparten sus miembros, como el trabajo. «En mi filosofía, la colectividad no es una comunidad en la que algo es común a sus miembros» sino que es, añade, una «relación directa entre los individuos, tiene en su base una dialéctica sexual» (2013: 82). Levinas usa en ocasiones el calificativo de sexual como una metáfora para darle a las relaciones sociales un sentido personal, intransferible, único, irrepetible, íntimo, insustituible. «La noción de sexualidad hay que deducirla de la «reflexión» social» (68). De hecho, este sentido «erótico» es el que lo separaría de Heidegger: «Un elemento esencial de mi filosofía, por lo que se separaría de la filosofía de Heidegger es la importancia del Otro. Eros como momento central» (76).

En el caso de la pedagogía, es bien conocido el concepto del eros que refiere, en la teoría de la educación clásica, a la corriente emocional, afectiva, y en ese sentido amorosa, que sería propia de la relación pedagógica. Hoy en día esa terminología resulta políticamente incorrecta, se hace sospechosa por la sensibilidad adquirida ante el abuso sexual. Este hecho, que también es cultural, sin embargo, puede tener consecuencias negativas no deseadas para la ética, y en particular para la propuesta de Levinas, puesto que impide la expresión de los afectos. En una sociedad en la que nos avergonzamos de decir que los profesores deben amar a sus alumnos, será probablemente más difícil amarlos realmente, es decir, quererlos, es decir, acogerlos como anfitriones generosos.

El reclamo de la intimidad como corriente afectiva en las relaciones sociales que defiende Levinas ha sido secundado por otros observadores. «Abrámonos a una analítica de la cultura y la interpersonalidad donde la política pueda ser pensada desde la intimidad», observaba a finales del siglo pasado el escritor colombiano Luis Carlos Restrepo, que luego sería nombrado Alto Comisionado para la paz, en su obra *El Derecho a la ternura*, en clara sintonía con Levinas (1994: 5). Para él, es patente la contradicción de nuestra época, en la que hemos llegado a un nivel de conocimiento científico y técnico alto pero al tiempo nos hemos hecho cada vez más analfabetos afectivos (14). Parece lógico repensar las bases de nuestra educación, corregir el desequilibrio entre el superalfabetismo digital y el analfabetismo afectivo, única afianzar su dimensión ética. Lógico y urgente, si añadimos que la navegación en internet puede favorecer la actitud contraria a la responsabilidad.

Socialidad erótica o eros pedagógico

El *eros* educativo de Sócrates rige sobre todo para con las naturalezas escogidas, dotadas para la más alta cultura espiritual y moral, para la *areté*. (Jaeger, 2001: 75). Los mejor dotados son los que necesitan desarrollar su discernimiento y su juicio crítico, para que puedan dar los frutos que corresponden a su talento, así como los caballos y los perros de mejor calidad, los de mejor temperamento, necesitan ser amaestrados y disciplinados. Esta teoría justifica la reproducción social y cultural. Su reflejos pueden rastrearse en expresiones célebres de las instituciones de mayor prestigio, como la Universidad de Salamanca: *Quod natura non dat Salmantica non prestat.* Frente a esta versión, se dibuja su opuesta durante el siglo XX: el eros transgresor de las experiencias o experimentos pedagógicos asociados a las ideologías políticas del socialismo, el comunismo y el anarquismo, a veces solas, y otras mezcladas con el psicoanálisis.

La relación entre el psicoanálisis y el socialismo en el marco pedagógico tiene su origen en Alemania, a partir de 1930, especialmente tras la incorporación de Wilhelm Reich al Partido Comunista Alemán, aunque encontramos experiencias en Inglaterra o Rusia. De hecho, el más conocido probablemente sea *Summerhill*, protagonizado por el psicoanalista y educador A. S. Neil (2014). Entre ellas figuran el Hogar-Laboratorio de Vera Schmidt, abierto en 1921, La Comuna 2, abierta en Berlín en 1967 o el Kinderladen de Stuttgard, en 1968. El objetivo declarado de estos proyectos minoritarios, y en general en encabezados por los propios padres de los alumnos, era luchar contra la doble represión del inconsciente y de la autoridad política. Para ello había que buscar en lo posible la mayor autorregulación posible de los niños, de forma que les fuera posible luego identificar las limitaciones que impone la sociedad burguesa para poder luchar contra ellas. Aunque algunos críticos consideraban que se trataba de la solución para un malestar inventado por la burguesía de la época (Auchter, 1978, 38). En efecto, para algunos era una extravagancia más, un capricho dictado por el esnobismo pequeñoburgués destinado a resolver sus problemas de identidad. No obstante, probablemente la principal crítica, aparecida en la discusión pedagógica en torno a Summerhill posteriormente, se centraría en el carácter exclusivo y artificial de las experiencias. De un lado, no puede acceder a ellas cualquiera. De otro, la reducción de las reglas y la disciplina a su mínima expresión hace que muchos alumnos estudien poco y se cierren las puertas para ingresar luego en la universidad y optar a los mejores empleos. La contrarréplica a este argumento es que los exsummerhillianos se confesarían más felices o satisfechos con sus vidas pasado el tiempo, aunque no hayan llegado a enriquicerse (VV.AA., 1971).

Ya en el último tramo del siglo pasado, las implicaciones políticas de Freire, especialmente en América Latina, no podían dejar de seducir, tal vez como uno de los últimos coletazos de esa relación, a algunos grupos revolucionarios. El libro *Pedagogía erótica. Paulo Freire y el EZLN*, sitúa el erotismo en el contexto de la dialéctica freudiana entre las fuerzas básicas de Eros y Tánatos. Una nueva pedagogía, de marca socialista, tendría que subrayar la primera y diluir la segunda, ampliamente vigente como inductora de comportamientos violentos (Escobar Guerrero 2012: 124).

Freud creyó averiguar que la psique se rige no solo por el principio del placer y la conservación de la realidad sino por una tendencia independiente que los desafiaría y por la cual la vida orgánica busca la reconstrucción de su estado anterior, inorgánico. Si «la meta de toda la vida es la muerte», «el principio del placer parece hallarse al servicio de los instintos de muerte», si bien esta idea, reconocía, plantea numerosos problemas que deben ser investigados (1981: 137). Hoy podríamos adornar tal vez mejor la especulación de Freud con reflexiones extraídas de la física. Los instintos de muerte podrían ser concebidos como un reflejo de la vaga atracción que ejercería la nada de la que provenimos los seres vivos y a donde se dirigen todas las cosas, hacia la *muerte térmica* que prevé la segunda ley de la termodinámica. La sentencia del Génesis, «polvo eres y en polvo te convertirás» parece apropiada desde el punto de vista físico para un ser humano que está hecho, literalmente, de polvo de estrellas (Toharia, 1998: 12). Atracción vertiginosa que ejercerían las fuerzas telúricas, en el caso de preferir ser enterrados, –como *hijos del barro*, macromoléculas de silicio y arcilla–.

Lo cierto es que la pulsión de muerte, tanto en su versión autodestructiva, como en su versión agresiva hacia los otros –que tuvo que preocupar a Freud a raíz de la primera guerra mundial–, son fácilmente constatables en la escuela actual en diferentes grados. En el extremo, encontramos el suicidio –ideado, intentado o consumado– y el homicidio –o tiroteo con heridos– de estudiantes.

Las tasas de suicidio han aumentado a nivel mundial en las últimas décadas en un 60%, especialmente entre los más jóvenes. Según la Organización Mundial de la Salud el bullying es la primera causa de muerte en los adolescentes. Causaría alrededor de 200 mil suicidios al año entre jóvenes de 14 a 18 años[5]. Hay que tener en cuenta que en este fenómeno la llamada «cifra negra» es alta debido a su consideración como tabú. Las familias del escolar tienden a ocultar el motivo de la muerte, salvo en algunos casos mediáticos donde se llegan a publicar las cartas del niño. Por otro lado, se calcula que por cada suicidio consumado, hubo más de 20 intentos y muchas más ideaciones. Un estudio de la Universidad de Yale señala que las víctimas de bullying tienen entre dos y nueve veces más probabilidades de considerar el suicidio. Otro realizado en Gran Bretaña sugiere que la mitad de los suicidios frustrados y consumados en adolescentes podrían deberse al acoso escolar[6]. En Estados Unidos, un 14% de los estudiantes de secundaria habrían pensado alguna vez en el suicidio. Un 7% lo habrían intentado[7]. La relación entre el acoso escolar y el suicidio ha dado lugar al término bulicidio (*Bullycide*). No se trata de una mera ocurrencia periodística. Los artículos de revisión muestran la existencia de varios estudios que evidencian la relación positiva entre el acoso escolar y la ideación e intento de suicidio (Kim y otros, 2008; Fadanelli y otros, 2013).

En cuanto a los tiroteos y homicidios, algunos de ellos masivos, Harris y Petrie aluden a cierto informe de los servicios secretos estadounidenses que, al parecer,

---

[5] https: //bullyingsinfronteras.blogspot.com/2017/05/ estadisticas-de-bullying-en-espana-mayo.html

[6] http: //www.bullyingstatistics.org/content/bullying-and-suicide.html

[7] https: //study.com/academy/lesson/bullycide-definition-statistics.html

observaría que en dos terceras partes de los asesinatos en escuelas americanas, quienes los perpetraron habrían sufrido maltratos durante largos periodos (2006: 12). En 2019, se registró en ese país casi un tiroteo por semana en algún centro educativo, con al menos una persona afectada por el mismo[8].

Ambos fenómenos son minoritarios y cuando se presentan, la opinión pública y los propios actores escolares del entorno, los reciben con sorpresa. Es decir, se presentan como un suceso catastrófico imprevisto que traumatiza a la comunidad escolar. Pero esta percepción es falsa, forma parte de un mecanismo de defensa que niega la realidad educativa cotidiana. Si mediara una reflexión sobre el clima del aula, sobre el placer y el displacer que genera el proceso pedagógico, seguramente se entendería que el fatal suceso, en caso de darse, es más probable de lo que parece a simple vista. Porque la escuela actual sigue situada, doscientos años después de su aparición, parafraseando a Freud, «más allá del principio del placer». Antes al contrario, sus métodos incitan una amplia gama de sensaciones negativas que al famoso psicoanalista le gustaba distinguir: el aburrimiento, la angustia, el miedo o el susto. Y es que, en ocasiones, la fuente del malestar que siente el alumno es conocida, otras no, y otras llega de golpe, como el examen sorpresa.

La pista que llevó a Freud a defender la hipótesis de la posible existencia de la pulsión de muerte fue la repetición obsesiva del trauma en los sueños de los afectados

---

8 https: //edition.cnn.com/2019/11/15/us/2019-us-school-shootings-trnd/index.html

por lo que llamaba neurosis de guerra –y que por primera vez escapaban a la ley del deseo–, de los pacientes en la transferencia o de los juegos de los niños con contenido hostil hacia los demás.

¿Y no podríamos sumar en el mismo sentido el aprendizaje escolar, basado en la repetición obsesiva de ejercicios en condiciones de pasividad física y mental? La pedagogía lúdica constituía en general un cero por ciento de las rutinas educativas cuando se puso en marcha la escuela moderna. Ahora, la situación ha cambiado. Sobre todo en los primeros niveles, y como excepciones en el resto, tal vez constituya un pequeño porcentaje. El problema es que esa tendencia mínima positiva no puede considerarse una luz al final del túnel de la modernidad porque queda empañada, contrarrestada por el aumento de la presión. Esta viene dada por el incremento de contenidos inculcados por unidad de tiempo, por el aumento de la percepción de la competencia y por el aumento del tramo en el que se producen los dos factores anteriores. Así pues, en el diálogo mantenido con Freud y tomando todas las precauciones que se quiera, es decir, sin entrar en discusiones académicas sobre las pruebas empíricas de sus intuiciones, el diagnóstico de nuestro sistema de enseñanza, dese el punto de vista del equilibrio entre el eros pedagógico y las tendencias opuestas destructivas o autodestructivas, parece claro.

Más de un siglo después de la reflexión de Freud, la amenaza sorda y subyacente de los instintos de muerte que tanto le preocuparon están más vigentes que nunca, con un planeta claramente amenazado, con crisis económicas y pandemias que aumentan las formas de malestar, los traumas, la inseguridad, la angustia, el miedo a la muerte y la sensación de desprotección ante posibles sustos probables por catástrofes imprevisibles. En cuanto a la escuela, se añade además la siguiente paradoja. Respecto a la muerte misma, ninguna vacuna, dado que la pedagogía de la muerte está completamente ausente. Pero la cosa es más grave. En la escuela no solo no se nos vacuna contra la muerte, en la medida en que ello es posible –ninguna vacuna es completamente efectiva–, sino que, en parte, podemos pensar que nos empuja a ella. La corriente subterránea de los instintos de muerte es tan fuerte cuando atraviesa los terrenos de la educación que casi podemos decir que sirve de plataforma para lanzarnos al vacío cósmico del fracaso escolar o del desempleo, donde podrían flotar nuestros hijos eternamente.

DE LA AUTONOMÍA DE FREIRE A LA HETERONOMÍA DE LEVINAS

El esquema freudiano no es incompatible con el eros pedagógico de Freire o el comunitario de Levinas. No obstante, en el caso de la apropiación política del pedagogo brasileño parece darse una circunstancia especial. La pulsión de muerte, en cuanto que antisocial y por lo tanto antinormativista, tiene un componente transgresor, como el programa revolucionario, aunque sus fines sean distintos. De ahí la justificación «ética» de la violencia desde el punto de vista de la revolución, sea del signo que sea. No podría sin embargo usarse como medio para lograr cambios en la cultura moral normativista, en la línea de Levinas, puesto que la persona no puede ser instrumentalizada políticamente, convertida en víctima colateral, y menos aún directa y mortal, en nombre de la liberación, en nombre de la supuesta libertad, en nombre de un análisis de la realidad social –no auténticamente filosófica, es decir ética, nacida en la relación con el otro–, así como una definición de objetivos, impuesto por el sujeto revolucionario. Ni siquiera cuando parece que no ha sido impuesto, porque se ha llegado a un relativo consenso asambleario en el que los líderes han usado la retórica de la mayéutica para causar la percepción de la iluminación grupal espontánea.

En este sentido, la propuesta de Levinas es más difícil de ser aprovechada políticamente, en sentido estricto, que la de Freire. El esquema dialéctico de los impulsos de vida y muerte, como en general toda la dialéctica, no resulta apropiado para comprender la visión de Levinas, puesto que el autor está siempre eludiendo las interpretaciones simplistas de conceptos opuestos que dan lugar al maniqueísmo. Pero esta prevención podría también deducirse de la lectura de la epistemología fenomenológica de Freire, al poner en tela de juicio constantemente las apariencias de las cosas. Sospechar de los bandos, de los buenos y los malos, de los buenos y los malos padres de familia, políticos o profesores, puede extenderse a todos los ámbitos de la percepción.

Es más, en Freire encontramos cierta advertencia preventiva de la corriente erótica pedagógica, cierta limitación de la afectividad que, llevada a los extremos, podría confundir la figura del docente con la del padre, o la de la profesora con la de la «tía», como se dice coloquialmente en Brasil. Aunque la práctica y el saber de la práctica son inseparables, en el aula no se actúa siempre desde la curiosidad epistemológica. No se puede, por ejemplo enseñar ningún contenido sin haber reflexionado previamente sobre cómo piensan los alumnos en su contexto social, en su vida cotidiana, al margen de la escuela (1997: 104). En clave levinasiana, esto se traduce en un ponerse en el lugar del otro, primer paso de la responsabilidad, aunque luego haya que ir aún más allá.

Freire usa el verbo «admirar» para referirse al objeto del que nos distanciamos con la reflexión. Eso serviría para objetivarlo. La admiración es justamente el procedimiento que usa la poesía para distanciarse del objeto de su canto. El término objeto admite entonces otra connotación. Su objetivación no debe entenderse como una operación destinada a su ponderación en relación con otros objetos. La objetualizacion poética no destaca los objetos para reducirlos a unos rasgos comunes sino que busca en ellos su singularidad encontrando matices que comparten. El poeta ve similitudes en lo diferente pero, por una parte, los parecidos son tan vagos que no tienen legitimidad científica, no cumplen las reglas de la comparación, y por otra parte, se establecen entre objetos que pertenecen a sistemas y niveles tan diversos que la comparación movería de nuevo a la risa al científico. No solo compara peras con manzanas, sino que se atreve a comparar emociones con cosas o a ver señales divinas en puras causalidades. Señales no necesariamente enviadas por una divinidad concreta. Así pues, no puede esgrimirse el énfasis freiriano en la disciplina del distanciamiento como contrario a una pedagogía afectiva, aunque sí como prevención a una pedagogía tan lúdica que no implicara método alguno, que renunciara a la reflexión seria –el Otro no es un juego para

Levinas–. O tan afectiva que llevara el erotismo a la promiscuidad de la comunidad de alumnos, lo que de un modo simbólico supondría un aula anárquica donde los hermanos celebran la ausencia del padre o de la madre, o bien un aula donde el profesor toma el papel de la madre permisiva, en el contexto tradicional patriarcal. De la misma forma, tampoco tiene por qué leerse la propuesta Freiriana como un medio de lucha política al servicio de una ideología concreta. Su reflexión crítica sobre la práctica lleva, de hecho, a la crítica de las derivas autoritarias, violentas y dominadoras de las ideologías anticapitalistas llevadas a la práctica en el siglo pasado, flagrantemente opuestas al humanismo del Otro de Levinas. Por último, el uso del mecanismo de objetualización en la pedagogía de Freire, analizado en su contexto, de escucha atenta del alumno, de ponerse el docente en el lugar del otro, no puede interpretarse en el sentido que toma hoy en día en la corriente principal del sistema académico y científico. De hecho, tal mecanismo puede tener usos opuestos, que van desde el poético o literario, que tiene aplicaciones didácticas, no lo olivemos, hasta el acumulativo. El primero es más que compatible con la exposición teórica de Levinas, permite abrir en esta última una puerta hacia la práctica escolar. El segundo, por el contrario, cierra las puertas al Otro y se concentra en la ambición individual, basada en la competencia con el Otro. En el primero, el Otro es visto con admiración. En el segundo es visto como obstáculo. La admiración es la ventana por la que entra la corriente de la ética. La autonomía que persigue Freire en su pedagogía puede ser interpretada, desde este punto de vista, no como opuesta a la heteronomía de Levinas sino, al revés, como la condición previa que la permite.

La heteronomía como corolario de la corriente afectiva, como vigilancia constante ante el riesgo de despersonalización que corren las relaciones sociales, y en particular las educativas, la conciencia del desequilibrio actual en detrimento de Eros, el planteamiento de Levinas, es compatible con el concepto de autonomía de Paulo Freire. Es cierto que, en ocasiones, el énfasis de Freire en la autonomía ha podido ser interpretado como herencia de cierta perspectiva «kantiana/moderna/colonial» (Giuliano 2018: 213). Según esto, tal vez de ahí pudiera deducirse cierto paternalismo etnocentrista. No obstante, la necesidad de distanciarse de la realidad para comprenderla críticamente abre el paso a la conciencia social, a la crítica de los mecanismos que impiden la acogida del otro. El camino de la crítica sociológica puede llevar al relanzamiento de la relación ética con el Otro, del humanismo, aunque también podría llevar a la oposición política y permanecer así en el juego del poder al que es consustancial la violencia. Dependerá pues de las lecturas que hagamos. Tomados como antónimos, los términos autonomía y heteronomía pueden llevan a interpretaciones radicales criticables. Una educación que persiga una autonomía en exceso puede tender a la autosuficiencia y al solipsismo. Una educación comunitaria que disminuya la conciencia del yo al máximo puede llevar al comunitarismo sectario y fanático. Si en el primer caso el otro queda reducido al espejo narcisista del yo, en el segundo el diálogo básico ético del otro conmigo, preparatorio del diálogo con terceros, queda reducido en el salto a las personas del plural, al diálogo tribal del nosotros o ellos. La pérdida de la segunda persona, el vosotros, acarrea la pérdida de la relación ética.

El pedagogo freiriano debe partir de la no imposición de los saberes, debe adaptarse al contexto sociológico del otro para entenderlo. Para ello parte del ejercicio básico del distanciamiento de la realidad que damos por sentado, lo que supone distanciarnos de los estereotipos que rodean al otro, y en particular al otro-alumno. La coherencia intelectual exige a los docentes aplicarse el distanciamiento con ellos mismos, hasta reconocer desde «lo alto» su vulnerabilidad, hasta sorprenderse «desnudos», podríamos sugerir parafraseando a Levinas. Es decir, lo normal es que el distanciamiento que Freire predica para lograr su objetivo básico de remontarse del nivel de la sabiduría ingenua al pensamiento crítico, no sea una simple herramienta didáctica para usar con los alumnos en el análisis de los temas, sino que abarque e implique al propio docente. En este caso, se crearía en el aula una comunidad vista desde el exterior, desde el distanciamiento, desde el criterio de exterioridad propuesto por Levinas, bajo el común denominador de la vulnerabilidad.

La hospitalidad, concepto fundamental en la filosofía de Levinas, solo puede traducirse en las aulas como generosidad. Todo profesor experimentado sabe que es imposible ser absolutamente justo, cien por cien justo, a la hora de evaluar a un alumno, especialmente si el sistema de evaluación se vuelve tan complejo como el actual y hay que medir múltiples aspectos, no solo de la actividad sino del «ser» del alumno –incluido el ser social–, que pueden ser contradictorios. Entonces, ante el dilema moral de pecar en la calificación por defecto o por exceso, la solución ética se inclinaría claramente por la generosidad. Siendo generoso en la evaluación, el profesor se comporta como el «anfitrión» del Otro. De esa forma podemos cerrar el círculo y comprender el mensaje de Levinas de que uno es, con respecto al Otro, tanto anfitrión como rehén. Y la misma conclusión podría extraerse de Freire, cuando habla de *apertura al querer*, dándole la connotación del encuentro alegre, que es el que está inevitablemente presente en el buen anfitrión. La práctica docente, sentencia, «exige de mí un alto nivel de responsabilidad ética» (PA: 65), porque se trabaja con personas y no con cosas. Y continúa: «Y porque trabajo con personas, por más que me dé incluso placer entregarme a la reflexión teórica y crítica en torno a la propia práctica docente y discente, no puedo negar mi atención dedicada y amorosa a la problemática más personal de este o aquel alumno o alumna».

3
La subjetividad como problema

Tal vez la principal cuestión planteada por Levinas es la crítica a la subjetividad moderna (Chinnery, 2018). Levinas define la subjetividad en términos éticos. La ética no es un complemento de la existencia sino la base de la misma: «es en la ética entendida como responsabilidad donde se forma el nudo de lo subjetivo» (1982: 101). A su vez, la subjetividad y la vulnerabilidad son las dos caras de la misma moneda: «El Yo (Le Moi) es, todo él, de cabo a rabo, hasta la médula, vulnerabilidad» (1972: 93). De aquí podemos deducir que la vulnerabilidad es el mayor bien compartido por los seres humanos. Bien porque permite ponerse en el lugar del otro y permitir el altruismo y la solidaridad, algo que puede venir favorecido por la educación o por condiciones y circunstancias sociales críticas. En nuestro tiempo, parece más probable la segunda fuente que la primera. De este modo, la subjetividad en otro sentido –más popular–, el que tiene que ver con la percepción, por tanto la percepción subjetiva compartida de la fragilidad, se convierte en un factor cada vez más relevante, frente al de las condiciones materiales u objetivas de existencia, en la sociedad red, global, informacional.

Se ha dicho que Levinas «deconstruye el camino moderno de la subjetivación del hombre» Medina (2010: 121). En este capítulo intentaremos aclarar ese proceso pero centrándonos en el análisis social de la última fase de la modernidad.

Un plátano por 120.000 dólares

La subjetividad y el subjetivismo lograron vencer los recelos que había despertado el positivismo científico. Progresivamente se hizo un hueco en distintos ámbitos de la vida social hasta lograr su reconocimiento. En el caso de la ciencia, los cualitativistas parecen haber acabado fetichizando su objeto de estudio tanto como los empiristas –la etnia, el género, la edad, la identidad, etc.– demostrando en cada trabajo la importancia capital de ese tema. «Foucaultianos, posestructuralistas, teóricos institucionales, analistas de discursos, feministas y otros, acaban generalmente probando lo que se habían propuesto desde el principio» (Alvesson, Gabriel y Paulsen, 2017: 73).

Pero es en el arte donde puede comprobarse mejor esta evolución. En las disciplinas artísticas la abstracción, el sueño, los automatismos, los trazos de cultura popular, se van incorporando a lo largo del siglo xx como criterios académicos y de consumo aceptados. El carácter de denuncia ideológica con el que comienzan algunas experiencias acaba siendo engullido por el sistema. Perfumes y atuendos vampirizan el espíritu rebelde de estilos musicales y tribus urbanas. Grandes compañías fichan a graffiteros como publicistas.

En 2019, Mauricio Cattelan, expone en la Art Basel Miami Beach, *El comediante*, un plátano fresco pegado a la pared con cinta adhesiva. La obra constaba de tres ediciones, tres plátanos que le costaron al artista en una tienda de comestibles de la ciudad unos 30 céntimos. Dos ediciones se vendieron por 120.000 dólares. El escándalo desencadenó una oleada de publicidad fantástica que compensa la supuesta locura. Si la galería y el artista desembolsaran a medias esa cantidad utilizando a un cómplice –al «Otro» como cómplice– que simulara el papel de cliente excéntrico interesado, la operación habría sido rentable. Pero es necesaria esta manipulación perversa del sistema artístico para el hecho, aparentemente extraordinario, de que la sobrevaloración de la subjetividad tenga sentido. No cualquier artista puede vender su idea. Es necesario un escaparate especial, como en el caso comentado, la posibilidad de exponer en una galería prestigiosa. Tales circuitos están vedados para la mayoría de los artistas.

El suceso sirve para ilustrar las limitaciones del criterio de la prueba de autoridad y por lo tanto las limitaciones que tiene la ética para imponerse como criterio de justicia en el funcionamiento sistema actual. Paradójicamente, se puede pasar la prueba de autoridad contraviniendo el espíritu de la misma, o reduciéndolo al máximo hasta casi invalidarlo, priorizando por tanto el criterio opuesto, el criterio de cierre, el de la selección, el de la exclusividad como exclusión social. Cada obra debería ser juzgada de forma independiente con arreglo a criterios de calidad, pero estos se limitan a comprobar una conexión con algún precedente artístico famoso, como en el caso de la jurisprudencia. Así, *El comediante* remite a *La fuente* de Marcel Duchamp, un inodoro expuesto en la Exposición de Artistas Independientes de Nueva York en 1917. De hecho, Cattelan también cuenta con una obra parecida, de oro, valorada en seis millones.

La eticidad de la prueba de autoridad se reduce en un doble movimiento: se basa en la referencialidad, la cual a su vez admite una degradación en función de su vaguedad. Su falta de contraste aumenta proporcionalmente el peso de los criterios aéticos, la reputación del artista y el *locus* de exposición junto a la publicidad. El resultado es que la incorporación de la subjetividad y de los subjetivismos al sistema social y sus subsistemas, como el artístico o el académico, acaban minando su dimensión ética. Al final prima el crédito en toda la extensión de la palabra: el sistema social socializa y por tanto anima a los actores —artistas, investigadores, escritores, vendedores de ideas y de artículos, compradores— a *vivir de la renta*. La filosofía del crédito es la opuesta a la de la responsabilidad ética. «Yo ya participé. Yo ya te ayudé una vez». Así habla el individuo. Y añade: «Lo que aquí presento es parecido a lo que he hecho siempre, quédese tranquilo, forma parte de lo *Mismo*».

El artista de vanguardia en la posmodernidad extiende y extrema el efecto ideológico de la subjetividad. Si antes ponía en cuestión a la alta cultura, ahora pone en cuestión a la cultura popular. En el primer caso, la justificación ética devenía de la inversión jerárquica de las categorías que amparaban la autoridad asimétrica, y por tanto la desigualdad como base de la injusticia social. Pero la burla de la cultura popular lleva la crítica a otro terreno, al de la recursividad. Todo resulta criticable, y además debe serlo, por el simple hecho de existir. La inercia, como motor de la crítica, sustituye al valor. El artista se convierte en un joker, un guasón, prototipo de persona sin referencias éticas. La burla erga omnes es una burla hacia el Otro. El artista, el escritor, el ciudadano, desarrollan la habilidad para sacar a flote los rasgos caricaturescos del Otro, saben esperar, como astutos predadores, el momento en el que el asoma el gesto ridículo. El mundo deviene comedia. El Otro como materia de risa, lo contrario a la seriedad esencial defendida por Levinas. La dimensión grotesca de la existencia se pinta por el artista posmoderno, y por extensión, por el habitante resabiado de esta fase tardía de la modernidad, no como un rasgo de un grupo social determinado, como un «defecto» del rol, sino como un rasgo consustancial del ser humano del que no puede escapar ningún individuo.

La crisis de la ética expresa, en este sentido, la crisis del sentido común. El valor económico de una obra de arte no puede rebasar ciertos límites relacionados con las necesidades básicas –el *hambre* en términos de Levinas– de la comunidad en la que se inserta. El desafío ético implica dejar que el sentido común modere el debate ideológico sobre el valor logrando un punto de encuentro o equilibrio entre las posiciones liberal y socialista. Por mucho que se valore, ningún salario debería rebasar un límite que haga sonrojar a su valedor al compararse con el Otro. El Otro como expresión del prójimo, en el sentido que le da Levinas, por tanto en su vulnerabilidad, en su desnudez. Del mismo modo, ninguna acción, incluyendo especialmente la laboral, debería realizarse o permitirse en la práctica cuando daña de forma evidente los derechos de la colectividad, de los seres vivos y del planeta. Pero ni los estados nacionales ni los transnacionales, como el europeo, han logrado definir estos límites mucho más de lo que lo lograron hace 25 años, cuando murió Levinas, como si siguiera la tendencia denunciada por él sobre la reducción que experimenta la conciencia en la modernidad.

En la medida en que podemos decir que el arte y la ciencia se orientan por las estrellas de la ideología, la ética y el sentido común, en estos tiempos pareciera que la primera prima en perjuicio de las otras dos. Aunque el sentido común podría ser de gran ayuda para recuperar el sentido de lo ético puesto que contiene elementos de compasión y trascendentalismo.

La crisis de la subjetividad es pues relativa puesto que ha sido asimilada por el estómago de la gran bestia sistémica. Por supuesto no se trata de la subjetividad de Levinas sino de otra variante. Habría que practicarle a ese *ser* un lavado de estómago y luego someterlo a una rigurosa dieta con el fin de recuperar la sensibilidad a la verdadera subjetividad. En realidad, puede que lo mejor fuera un nuevo sistema inmunitario, una transfusión de médula ósea en la que se arriesgara la regeneración completa del sistema y su posibilidad consiguiente de una nueva esperanza de una nueva vida.

La crisis de la subjetividad es un efecto óptico. En realidad, en el pulso entre la objetividad y la subjetividad, siempre está presente, como juez y parte, la ideología de la sospecha, el prurito crítico. Este se encarga de deprimir a la que va ganando, en una alternancia en la que el equilibrio pierde su belleza ante la falta del sentido común, una falta que cierra la puerta a la responsabilidad ética.

¿A dónde nos ha llevado la filosofía de la sospecha?

Observa Levinas que «la noción de ideología utilizada por la crítica marxista del humanismo burgués ha recibido gran parte de su fuerza persuasiva de Nietzsche y de Freud» (2001: 20). Cierto, pero entonces debemos tener en cuenta los objetivos de dichos autores. Su consideración es fundamental para entender la evolución del proceso. Marx investigó el funcionamiento del capital para denunciarlo. Pero el caso de Nietzsche y de Freud es algo diferente.

Al principio, Freud desveló el código secreto del inconsciente con la finalidad de aliviar los sufrimientos de los enfermos. Pero después extendió sus observaciones decodificadoras a otros ámbitos de la vida cotidiana, como el de los chistes y las expresiones coloquiales (2011). Muchas de las coletillas que usamos habitualmente en un sentido figurado y humorístico –como «lo (la) mataría»– perdían su habitual aura de inocencia y se rebelaban como señales de profundos instintos. Al publicar indistintamente ambos tipos de códigos, incluida su relación, que legitimaba la acción desde el punto de vista científico, abría una puerta que no podría cerrarse. Una puerta que permitía al pensamiento salir de la clausura de lo Mismo en el que había permanecido encerrada desde la Ilustración para entrar en el atractivo y misterioso plano de lo Otro/Mismo. Este constituiría, a la postre, otro círculo vicioso de peor naturaleza, puesto que no permite ya imaginar una salida. Puede seguir hablándose de salvación, y por lo tanto mantener una conexión con el pensamiento de Levinas, pero no ya como *salida*. La metáfora topológica deja de servir.

Nietzsche decodificó el cristianismo también con un espíritu de denuncia. Pero al usarlo como prisma para analizar la visión de vida occidental, fue más allá, ideando un ambicioso plan teórico en el que se pudiera dar la vuelta a todo, por tanto al mundo mismo. Aunque no vivió mucho, tuvo el tiempo suficiente como para dar forma a esa obsesión de voladura general y orgiástica en la que pereciera él mismo, como mecha imprescindible –Ernst Jünger le llamaba «Cabeza de pólvora»–. El objetivo no es denunciar algo en un momento dado para mejorar algo, sino denunciarlo todo. Se llega a un punto de desquiciamiento en el que ya no se denuncia para vivir, sino que se vive para denunciar. En esta línea de sobreactuación Freud representa el eslabón intermedio entre Marx y Nietzsche. Pero es el extremismo de este último el que debe observarse con más detenimiento para comprender el efecto que ha tenido la filosofía de la sospecha en la evolución posterior de las ciencias sociales y del pensamiento contemporáneo en general. La contradicción del gesto extremista es que produce excede la realidad al simplificarla, la sobrecarga, la infla, la satura, pero no aumentando todos sus ingredientes de forma equilibrada, sino tan solo uno de ellos. «No creo –escribe Nietzsche en el prólogo a *Humano, Demasiado Humano*–, que nadie haya sospechado tan profundamente del mundo ni vislumbre las consecuencias que implica toda sospecha». Y añade que cuando no encontraba lo que necesitaba tuvo que procurárselo artificialmente, bien falsificándolo, bien inventándolo, como los poetas (1984: 588).

Cuando sociólogos, antropólogos o periodistas de investigación decodifican y publican los códigos de las tribus –incluidas las urbanas–, de los prisioneros, o de las organizaciones ilegales de todo tipo, también los «denuncian». Aunque los actores objetivados –convertidos en objeto de estudio–, no lean estas publicaciones, por el efecto de la reflexividad, el conocimiento acaba filtrándose e interfiriendo en la vida cotidiana. La ciencia social puede divulgarse por ejemplo a través recetas simplificadas en medios de comunicación populares, en revistas o en videos. El etiquetado intuye, aunque no lo sepa a ciencia cierta, que sus secretos ya no están a buen recaudo como antaño. Siempre había, desde luego, agentes sociales especiales que conocían sus estrategias, algún intelectual curioso o experto más o menos excéntrico. La diferencia es que hoy son accesibles a todo el mundo y por lo tanto pierden gran parte de su fuerza o función. Si la policía sospecha de la pertenencia de un joven latino a una banda porque «va de ancho», refiriéndonos a su indumentaria, eso obligará a hacer un cambio en el código en los verdaderos miembros de dicha banda.

Se considera un axioma de las democracias modernas la tendencia a la máxima transparencia en materia de información relevante. También en cuanto a la divulgación científica de las leyes y mecanismos que rigen el mundo físico. Y finalmente, también las intenciones de los actores en aras de la sinceridad en las relaciones sociales que establecen. La transparencia desborda el original recipiente político y científico y se extrapola al dominio privado. En parte, eso ocurre debido a la investigación desarrollada por las ciencias sociales. Al actor se le acaban los escondites. Ironía de la historia, el ideal que marca el precepto cristiano de confesión del pecado no ya a través de la palabra, la acción o la omisión, sino incluso del pensamiento, se cumple más en la etapa posmoderna secularizada. La confesión no se realiza ante la autoridad religiosa sino ante el Mismo, ante el Sujeto, y no se realiza por el acicate de la culpabilidad sino por el prurito de la comunicación sincera, un medio para la autorrealización. No se valora tanto la sinceridad por su efecto purificador de la relación con el Otro sino por su efecto fortificante del yo. El ideal del yo sale reforzado al haber tomado la iniciativa de la confesión.

El sujeto ya no va por detrás del confesor, sino que lo adelanta, haciendo inútil el papel de sonsacador de *pecados*, de secretos. Se trata de una confesión parcial, de conveniencia, manipulable, pero en su afán de hacerla cada vez mayor para compararse con los demás y quedar como un héroe de la sinceridad, el sujeto acaba cayendo en su propia trampa, sufre contradicciones. Vacila en el juego de avanzadillas de las confesiones puntuales e inevitablemente se pilla los dedos. El juego de la transparencia absoluta, cuya fantasía proyecta un ser deificado, perfecto, es peligroso. Supone la autolimitación. El sujeto se queda sin refugios, teme a sus propios pensamientos, porque pese a todo, la confesión de algunos tiene un alto coste social, al ser política, humanamente incorrectos –aunque teóricamente, ya por fin, en la poshistoria, todo sea correcto–.

Aparentemente, la transparencia santifica al sujeto, pero tiene un fondo siniestro que ahoga, porque se basa en la idealización independiente del yo, en la ficción de su autosuficiencia. Tal idealización genera una carga excesiva, asfixiante, porque todo debe hacerse presente. La presencia termina agobiando. Encajan aquí las palabras de Levinas: «Nada puede ni ha podido acontecer sin presentarse; nada ha podido pasar de contrabando sin ser declarado, sin manifestarse» (2001: 92). Podemos aplicarlo a las personas estigmatizadas. Ante la publicidad de los códigos secretos se quedan sin escapatoria social. El juego del ratón y el gato tiene así las horas contadas en la modernidad tardía. A ello hay que añadir una nota obligatoria en el comentario: el estigma no es uno y perpetuo, referido a una característica que marca la pertenencia de la persona a un grupo social discriminado como desviado. Cualquiera puede ser etiquetado en cualquier momento por diversas causas.

Para ascender en la atmósfera cada vez más enrarecida de la transparencia debemos soltar el lastre, sacos que contienen la tierra de la libertad. Combatimos la incertidumbre a base de las certezas relativas que nos ofrecen los códigos descifrados. Procuramos asegurarlo todo, reasegurarlo. Firmamos compromisos aseguradores a diario, para cada compra insignificante, para el envío de una carta, para cada mínimo servicio. De hecho, las interacciones tienden a convertirse en servicios. La vida cotidiana es un caminar con pies de plomo, una peligrosa travesía por un campo minado. A cada paso que damos, las cosas y los seres esgrimen sus derechos antes de presentarse. Se vive con los derechos por delante, no con la confianza que exige la ética. No existe una justificación objetiva para este fenómeno. En muchos casos el riesgo es mínimo o apenas existe, pero se sobrevalora. El criterio de valoración del riesgo cambia de signo: el componente subjetivo pesa más que el objetivo. El concepto clave es la inseguridad. Más que ante una sociedad del riesgo –puesto que nunca antes las acciones fueron tan poco arriesgadas– estamos ante una sociedad de la inseguridad, subjetivamente vulnerable. Así se entiende que en el momento de la historia en que tenemos más control sobre las cosas, vivamos más atemorizados, lo veamos todo más negro de lo que es, seamos más conscientes de la incertidumbre y la imprevisibilidad. Las dos crisis que han azotado al mundo en la primera mitad del siglo XXI, al ser de un calado tan profundo y darse de forma tan seguida han aumentado todavía más esta sensación de vulnerabilidad.

Transparencia y vulnerabilidad acaban haciendo que el ratón se canse del juego ya que cada vez lo disfruta menos. El abuelo del ratón no se veía obligado a reformular constantemente el código. Puede aceptarse que alguna modificación fuese el precio que había que pagar para jugar, pero siempre bajo unas condiciones: que fuese relativa y esporádica. El límite lo marcaba el sentido común. A partir de cierto punto, la energía gastada en la modificación no compensa el placer que se extrae de la experiencia lúdica. Es verdad que las investigaciones criminológicas muestran que la mayoría de los *rateros*, si nos fijamos en el eslabón inferior de la cadena de la ruptura de normas, nunca han actuado con mucha planificación, pero también lo es que no dejan de hacer un mínimo balance racional entre las recompensas y los perjuicios esperados basado en sus propias experiencias y en las de las personas cercanas. Por tanto, puede afirmarse que actúan bajo ciertos parámetros racionales. En general, y esto es lo importante, no tenían que preocuparse de cambiar las claves heredadas de su padre o de su abuelo. El comercio ilegal en los territorios fronterizos ha ocupado durante siglos los mismos intrincados senderos. La sospecha de que, tras la peluca, alguien podía ocultar una calvicie, se detenía allí. Pero una vez traspasado el umbral utilitarista, el ratón se plantea romper con la acción racional y plantarse. Llega un momento –histórico– en el que la única forma de despistar al gato es sorprenderse a sí mismo con un movimiento inesperado, colocarse con una acción inimaginada en el borde del gran remolino del azar y dejarse llevar.

El juego del ratón y el gato

Negarse a mover ficha, interrumpir la diseminación, acabar con el vértigo que causa, con el malestar. Esta es la explicación de fondo que subyace a la cuestión de por qué se interrumpe en cierto momento, a finales del siglo XX, la confianza en el funcionamiento de la ciencia debido al efecto devastador no deseado de la ideología y sobre la que reflexionó Levinas. El desviado es el yo que todavía cree posible salir del Mismo rompiendo con la norma. Es el ideal del prisionero, representa la esperanza de romper la clausura. Sentirse prisionero, rehén, es la condición para la darse al Otro y fundar la relación ética. El juego del ratón y el gato es dialéctico pero permite imaginar la ruptura de la dialéctica con un ganador que no subsume al vencido, que no lo asimila o sintetiza. La ruptura del juego de la ruptura de normas termina con esa posibilidad, cierra y sella el dintorno aislándolo del entorno. Con ello, la conciencia se convierte en un sistema complejo capaz de autorreproducirse. En él, los polos positivo y negativo que activan las representaciones, cumplen con ese papel de forma relativa, amortiguada. Positivo y negativo son solo simulacros. Han perdido la radicalidad que les otorgaba su sentido original. Son compañeros que se reparten los beneficios del juego. Acaban viéndose como uno, como lo Mismo. Lo otro y su misterio, representado en el Otro, desaparece. Para romper el cordón sanitario, el yo rupturista tiene que estar dispuesto a realizar una acción suicida; debe traspasar la barrera de las ascuas de la incertidumbre relativa, del malestar domesticado en el que vive, e ingresar en la estratosfera del verdadero riesgo, lugar no-lugar donde habita lo otro.

Esta respuesta no es la mayoritaria. Las respuestas tradicionales siguen funcionando a su lado o al mismo tiempo, pero desprovistas de sentido, como rituales movidos por la inercia y promovidos por actores un tanto angustiados ante la sospecha de que representan una farsa. Hay hoy en el mundo prisiones de todo tipo, desde las ergástulas medievales a versiones de las *Houses of Correction*, hasta llegar a la cárcel telemática y pospanóptica, inmovilizadora, «celestial», aséptica, donde la presencia sigue reinando desmaterializada, donde lo otro queda reducido a las representaciones del pasado y la utopía forma parte del sueño, con el insominio mantenido a raya.

Es la respuesta nueva sin embargo la que debe tomarse como indicador de un cambio estructural y relevante en la evolución cultural.

¿Qué ha cambiado por tanto del abuelo del ratón al ratón contemporáneo? En primer lugar, la sociedad se ha hecho más compleja. En una institución como la prisión, en el siglo XVIII había menos variedad étnica, menos intercambios del sistema carcelario con su entorno. El código era, en consecuencia, más estable. En segundo lugar debemos pensar en la divulgación de los códigos. Estos han crecido tradicionalmente en un ambiente esotérico, en una atmósfera de secretismo. Las sectas religiosas y los derivados de la masonería que encontramos en la actualidad, en general ligados a instituciones culturales y educativas, pueden ser considerados restos atávicos de sus antecesores, piezas de museo vivas que cumplen más una función implícita lúdica que una verdadera función de cambio, espoleada por un espíritu más combativo. No puede ser de otro modo puesto que, a partir de cierto umbral, entran en colisión con las leyes de las democracias. Pero su principal obstáculo reside en la transparencia impuesta por ese régimen político. En nuestros días, todo código puede o debe ser publicado. Se publica el código y su contracódigo. El Anticristo de Nietzsche es el contracódigo de Cristo, de los Evangelios. Fortaleza frente a debilidad, voluntad frente a duda, afirmación frente a abnegación, dominio frente a compasión. Ahora bien, la publicación de los contracódigos genera efectos de retroalimentación. Cuando H. Becker o E. Goffman publican las fórmulas del comportamiento de los llamados «desviados sociales» para ocultar su estigma, esto los hace más vulnerables, aunque evidentemente no fuera eso lo que pretendían. Incluso si la intención de los sociólogos ha sido la defensa de estos algunos de estos colectivos por la discriminación que sufren, el efecto opuesto, no deseado, parece inevitable.

El mundo se desmateraliza cuando los polos pierden su fuerza telúrica. Puede estirarse aquí la metáfora de Bauman. Una *sociedad líquida* supone un medio social conductor. No necesita toma de tierra. Todos sus elementos, al volverse líquidos se confunden en una sopa indiferenciada. El temor a la falta de relatos claros, anclajes de identidad, el temor a las aguas pantanosas donde el yo se refríe en sí mismo, la visión o conciencia de la conciencia omnipresente del sujeto que se ha quedado solo, cuando deja de ser patrimonio del filósofo y es compartida por todo el mundo en algún grado y de alguna forma, deben suponer un punto de inflexión. El temor desata como reacción una recuperación de los medios tradicionales de comportamiento, la resurrección de los bandos y del maniqueísmo, la patada de ahogado de la dialéctica, una solución preferible a la recursividad del medio social líquido, donde nada es reconocible, donde las fuentes de certeza y de confianza se han secado, comenzando por la idea de la verdad. Es entonces cuando cobra más sentido que nunca la propuesta de ética de Levinas.

La inmanencia como supuesto rasgo del sistema filosófico occidental, se supera a sí misma al encarnarse históricamente en la autorreproducción de los sistemas. La autorreferencia es la unidad que presenta para sí misma, es decir, «independientemente del modo de observación de otros», un proceso o sistema (Luhmann,1997: 89). Este concepto supone un paso importante en la evolución del pensamiento científico porque separa la reflexión «de su lugar clásico en la conciencia humana o el sujeto» trasladándolo a campos de objetos (Lhumann, 1997: 88).

La idea precede a la organización social. Bien avanzado el siglo XXI puede verse con mayor claridad el acoplamiento de ambos sistemas. El blindaje del ciudadano de la sociedad vulnerable se superpone a la coraza de la conciencia con la que se protege el yo puro, absoluto e impasible, un yo «preservado de todo comercio inadvertido o clandestino con el objeto» (Levinas, 1987: 167). Exorcismo de la incertidumbre que provoca la inseguridad social o la apariencia de las cosas, reacción de quien vive bajo la angustia permanente de la sospecha. Sujeto ciudadano o yo que se agarra al presente como a un clavo ardiendo, un paréntesis que no es fisión del pasado y del futuro, explosión que, a diferencia del poeta, como veremos luego, le pondría de nervios, imposible de soportar dado el estado de neurosis del que se parte. Presente más bien como señor que obliga al pasado y al futuro a presentarse prestando vasallaje, en una operación de reducción que los convierte en despojos, anulando su fuerza, su esencia, como una selva esquilmada y domesticada en la que ya no es posible el milagro del otro.

La globalización supone la última fase de la historia del sistema social moderno, con ella se cumpliría su sueño de cerrar el círculo. La autorreferencialidad es el signo de la autosuficiencia, llegada a la meta, fin de la historia, al menos como ha sido concebida por el pensamiento occidental. El mundo, una vez logra la interconexión absoluta, se purifica, se reconcentra, se cierra, se autorreproduce. La expansión da paso a reducción. Se habla de aldea global muy acertadamente. Lo global no es un exterior sino un interior. El sistema social puede comenzar a purgarse, en busca de su purificación, de su perfeccionamiento funcional. Para ello se sirve del motor de la racionalidad procedimental cada, cada vez más refinado. Cada vez menos confianza en el elemento humano y más papel de la máquina. Cada vez más fórmulas sintéticas entre los dos polos que una vez se consideraron enemigos. El sueño del sistema social es la sociedad sin personas. El pensamiento contemporáneo, observa Levinas, «se mueve en un ser sin huellas humanas», comparable a la visión deshumanizada del planeta tierra visto desde la luna a los ojos de los primeros astronautas. Entonces asistimos al climax paradójico de la función: en el infinito del cosmos, el peatón del espacio, el ser humano «se encuentra encerrado, sin poder poner un pie fuera» (2005: 24). Cosmos o aldea global. El proceso de globalización completa la idea. Su lado sociológico complementa el filosófico, no como dos caras de la moneda que no se pueden ver sino como los módulos que al encajar conforman una nave nodriza, capaz de autorreproducirse.

En la atmósfera de nuestro contexto social, una vez que se van consolidando los elementos químicos que la componen, el pensamiento de Levinas cobra una mayor relevancia. El desafío ético, la ética de la responsabilidad, se hace más acuciante. La necesidad del sujeto de salir de su mundo se hace más imperiosa. La incapacidad de la política y la religión tradicionales para llegar a la utopía se hace más evidente. Pensar lo otro a través del Otro como fuente de trascendencia, no como objeto de conocimiento se va perfilando en el horizonte como la única alternativa sensata al progreso y la egolatría. La vulnerabilidad social debe aprovecharse para pensar en la vulnerabilidad humana y transformar el egoísmo destructivo en altruismo conservador del planeta. El Otro debe interrumpir el tiempo del Ego y, como observa Mèlich, descentrarlo de su individualismo y de su egometrismo, de su logocentrismo y de su narcisismo (Mèlich, 1998: 185).

El *SECUESTRO*

La relación entre la ideología y la subjetividad planteada por Levinas es susceptible de una explicación que la aclare y la desarrolle desde una perspectiva sociológica.

El concepto de ideología se refiere a un conjunto de creencias, opiniones, percepciones y actitudes que informan la práctica y que constituyen un conjunto coherente de ideas y acciones, lo cual no implica la ausencia de tensiones ni el funcionamiento complejo que hace imprescindible un análisis especial para ser puesto de manifiesto. Esa esa la intención del marxismo para desmontar la ideología burguesa en distintas corrientes y en distintas épocas. Estudio y vivisección de la superestructura y de los mecanismos siempre ocultos que animan sus entresijos. Especialmente interesante en este punto parece el planteamiento de Max Weber, dado el interés de Levinas en los temas de la moral y la religión.

En la sociología weberiana, la iglesia alude a un instituto o asociación hierocrática, por tanto especializado en la administración de bienes espirituales de salvación que aspira a realizar de forma monopólica. Gracias a ella el Estado mantiene el orden social (Weber, 2002: 153). A través de ella ejerce una coacción psíquica en la ciudadanía inculcando una ideología determinada, una visión del mundo y unas prácticas fundamentalmente organizadas alrededor de una código moral. La normal moral marca una obligación en la conducta de orden interno, frente a la norma jurídica, de carácter externo. Una norma moral puede estar o no garantizada por una norma jurídica que redoble su carácter obligatorio y superponga a la sanción no formal sanciones formales. Se basa en la creencia en ciertos valores que hacen que la conducta se considere socialmente como «moralmente buena», al igual que hay cosas que se consideran «bellas» según patrones estéticos. Esto significa que no se pueden generalizar y que la moral es en realidad algo relativo, un asunto cultural dependiente del tiempo y del espacio en el que nos encontramos (Weber, 2002: 29).

Levinas se refiere a Althusser, conocido por su exposición sobre los Aparatos Ideológicos del Estado (2005: 102). La escuela, en concreto, es uno de esos aparatos de dominación ideológica que reproduce las relaciones sociales de explotación. La escuela es un aparato de suma importancia porque sucede a la iglesia toda vez que esta pierde poder de convocatoria con la secularización. La institucionalización de la educación obligatoria viene a coincidir con el declive de la iglesia como poder institucional. En las sociedades meritocráticas las posiciones sociales, en teoría, ya no se heredan, aunque sí en la práctica, como demuestra la puesta al día del análisis social de la función de reproducción social ejercida por la escuela en la actualidad. Se heredan indirectamente, a través de la inversión en medios culturales que luego se rentabilizan en éxito escolar (Bourdieu, 2008). La labor deconstructura de la ideología no obstante pierde fuerza en el último periodo de la época moderna, cuando, en una especie de tercer acto, las labores de adoctrinamiento escolar se debilitan, fundamentalmente debido a la competencia que encuentra el profesor en los media y TIC, algo que en realidad informa de su crisis como figura de autoridad (Gil Villa, 1994). Este fenómeno puede generalizarse tal vez: en una sociedad cada vez más compleja y volátil –con una mayor representación del factor del azar–, la presunción de la conspiración, subyacente en la deconstrucción ideológica es cada vez más ilógica, aunque, paradójicamente sea más probable, dada la dificultad para orientarse en la selva de la información.

El estructuralismo provocó la aparición de las corrientes interpretativas, subjetivistas, que reivindicaban el protagonismo de los actores sociales en la construcción de la vida social. Pero el posicionamiento opuesto en el dilema teórico entre la estructura y la acción no significaba que los enfoques microsociológicos renunciaran al espíritu deconstructivista, ideológico, en el sentido que observaba Levinas. Aunque los actores no obedecieran inconscientemente a los mecanismos estructurales, concebían y compartían estrategias y sentidos de la acción que hacía necesario el análisis social para su decodificación. Finalmente, muchos investigadores abrazaron una postura ecléctica intentando conjugar los análisis macro con los micro.

Llegados a este punto, la sociología se enfrentó a una paradoja. Para que el actor social lograra autonomía y libertad, para que tuviera el control de su comportamiento, tenía que «ser» antropólogo, etnometodólogo, psicoanalista, sociólogo clínico. Claro que para eso necesitaría invertir un tiempo del que no dispone. Y aunque lo tuviera, arruinaría la espontaneidad de la acción, que es, aparte del conocimiento de las opciones y sus implicaciones, la otra cara de la libertad. No obstante, este no es el principal escollo con el que se topa la fantasía de los enfoques subjetivistas. En ese momento de la historia todavía funciona la fe en la razón. Pero a finales del siglo pasado se produce una transición en el que se avanza hacia la conclusión de que los modelos de comportamiento «dejan» de ser racionales.

Un fragmento del guión de una serie de televisión puede servir de ejemplo para ilustrar la idea. Se trata de *Mindhunter*, creada por Joe Penhall en 2017 y premiada en 2019 por el sindicato de guionistas (WGA). Está ambientada en los años setenta, por tanto dentro del tiempo aludido, y versa sobre la resolución de crímenes perseguidos por el FBI. Nos centramos en una escena que recoge la conferencia de un criminólogo como parte de formación de los agentes y que resume algunas especulaciones sobre el devenir de las teorías criminológicas que observamos en los manuales (Gil Villa, 2004: 241; 2018: 141):

> *Vuestro FBI se basaba en dar caza a John Dillinger, Baby Face Nelson, Metralleta Kelly, criminales que odiaban a la sociedad pero que buscaban el beneficio personal. Ahora es violencia extrema entre desconocidos. ¿Y qué es lo que hacemos cuando el móvil nos resulta esquivo?*

En la siguiente escena, el protagonista, que escucha esta parte de la charla desde el pasillo por casualidad, se acerca al conferenciante a la salida del edificio y le propone tomar algo para seguir hablando de un tema que le parece fascinante.

—Es como si ya no supiéramos qué es lo que empuja a una persona a matar a otra.
—Antiguamente, si tenías una víctima con cincuenta puñaladas, buscabas al ex-socio o al amante despechado. Ahora, podría ser tranquilamente un cartero cabreado.
—Es otra era. Se acabó aquello de «solo los hechos, por favor».
—Eso era en las pelis, y de hace tiempo
—El crimen ha cambiado
—¿Es solo una respuesta a tanta inestabilidad?
—El mundo apenas tiene sentido y es lógico que el crimen tampoco lo tenga.

Anteriormente, el protagonista había dado a su vez su propia charla sobre los protocolos de actuación en caso de secuestro, con ecos levinasianos. El agente, en esos casos debe ser un mediador, lo que significa que debe, por encima de todo, *escuchar* y *ponerse en el lugar del otro.*

¿A qué se debe esta *involución* de la ciencia social de modo que decae en su función predictiva, poniéndose así en una situación crítica?

El secuestrador operaría ahora bajo tres condiciones novedosas. Primero, elige un rehén al azar. Segundo, lo hace en un momento cualquiera, es decir, no especialmente motivado por algún acontecimiento. Y tercero, con un desenlace de la situación dramática imprevisible que dependerá tanto de las habilidades del mediador como del azar. Es decir, el desenlace se despega de la situación que lo ha originado, pierde contacto con la causa. El final no depende tanto de que se cumplan las condiciones que pide el secuestrador como de la deriva emocional que forma un universo independiente, un bucle de incierta salida. Esto supone una doble ruptura de la lógica y una doble crisis de la perspectiva del conocimiento de la ciencia y de la razón. No solo no se puede conocer la razón por la cual el secuestrador secuestra, sino que tampoco funciona la lógica inmanente del secuestro que hace depender la resolución del problema de las condiciones de la negociación. La negociación, como ciencia o la ciencia de la negociación, falla.

En estas circunstancias, el rehén pierde su valor de mercancía. El utilitarismo no sirve como esquema de acción. Cualquiera tiene probabilidades de constituirse en rehén del Otro, haciendo irónicamente posible la propuesta ética de Levinas. De nuevo tropezamos aquí con una pista del discurso que permite entrever en las condiciones socioculturales actuales, un terreno aprovechable para recoger la cosecha de este autor. El hecho de que todos seamos víctimas potenciales de un secuestrador o de una figura que nos sigue obsesivamente por alguna razón desconocida –un fenómeno cada vez más extendido–, nos debería llevar a reflexionar sobre nuestra vulnerabilidad, y en que la razón de esa incertidumbre reside en el temor de fondo que impregna las relaciones sociales en nuestra época. Un temor que ha suplantado la confianza y que nos obliga a pensar, más allá de los burdos mecanismos de defensa personal, en la necesidad de robustecer la dimensión de la compasión, del cuidado y del autocuidado.

En cuanto a la cuestión, que permanece abierta, acerca de las causas de la involución o inversión aludidas, la sociología aporta algunas pistas interesantes en las últimas décadas. La crisis de los papeles sociales, vistos como guiones de comportamiento, como normas morales no escritas basadas en valores culturalmente compartidos en la época moderna, no lleva a una nueva Edad Media, como algunos quisieron ver. El apoyo de las «tribus» o grupos sociales fuertemente cohesionados alrededor de las emociones –sectas religiosas, clubes de futbol, etc.– no logran compensar las grietas en la identidad social sino a modo de parches efímeros. De ahí que la soledad persiga al individuo como espada de Damocles a lo largo de toda su trayectoria vital. Pero tampoco puede volver a apoyarse en las grandes estructuras que le ofrecían una buena dosis de tranquilidad existencial a cambio de una cierta limitación de los grados de libertad. En el coche de la posmodernidad, el sujeto siente el vértigo de la gran potencia que le otorga la máquina más sofisticada de la historia, compaginada con la sensación de holgura que le da el haberse quitado el cinturón de seguridad. El vértigo es proporcional a la sensación de vulnerabilidad.

En realidad, los mecanismos modernos siguen funcionando, pero coexistiendo con periodos en los que dejan de hacerlo. Los códigos tradicionales sobreviven, pero la conciencia de lo aleatorio y su trasunto de anomia llevan al sujeto a la conclusión de que controla su vida mucho menos de lo que le gustaría.

Con ello, agoniza no solo la fantasía sociológica sino la de la ciencia en general. *Fin de la historia*, cierre del círculo y comienzo de la recursividad. Funcionamiento inercial del sistema, autobastecimiento o autofagia, miscelánea de lo racional y lo irracional donde es difícil calcular cual de los dos componentes sobresalen en cada momento. *Terra incognita* en la que el sujeto se halla medio desobjetivado y medio desubjetivado.

Primera parte de una película basada en hechos reales: dentadas estructuras machacan al hombre (Chaplin en *Tiempos Modernos*). Segunda parte: el héroe vence al gigantesco mecanismo cual Quijote, pero cae víctima de sus propios fantasmas y del azar. Tercera parte: flota libremente en el espacio exterior de Internet, su mente de primate rebota con objetos entre los que reconoce partes de sí mismo. Último sueño: encontrar un planeta en el que lamerse las heridas, un no-lugar donde reponerse y cuidar la herida por la que sangra la otredad sin descuidar el planeta.

Así pues, la frase ya citada de Levinas sobre un pensamiento contemporáneo en el que la subjetividad habría perdido su lugar sigue siendo cierto ahora pero de otra forma que cuando fue escrito, por otras razones. No porque la subjetividad haya sido engullida por la objetividad sino porque después de reivindicarse, de reinventarse, de vencer a la objetividad, ha engordado hasta reventar.

En el infinito del cosmos, continúa Levinas, el cosmonauta o el peatón del espacio, «el hombre», se encuentra encerrado, sin poder poner el pie fuera de sí mismo, fuera de los límites de lo Mismo. A punto de completar el primer cuarto del siglo XXI, sigue sin poder salir, pero no de lo Mismo, sino de un todo descentrado del que forma parte un yo descentrado.

Parte II
Pensar y educar
de forma diferente

1
Hacia un nuevo paradigma:
El pensar poético

LA VULNERABILIDAD DEL SUJETO POSMODERNO

PODEMOS RECURRIR, a falta de un término más preciso, al clásico y difuso término de neurosis como término genérico que designa el conjunto de malestares sufridos por una gran parte de nuestros contemporáneos, relacionados con la ansiedad por una inseguridad compleja, de causas diversas y no siempre localizables, con el estrés, con la sensación de una constante frustración por la falta de tiempo para la realización social y la autorrealización personal, con somatizaciones asociadas como fobias y obsesiones –entre las que destaca toda la creciente familia de los seguimientos, de los acosos–, fijaciones y adicciones. Este conjunto de malestares relacionados, en la medida en que puedan ser interpretados como un producto social y cultural, supone una superación de la cultura burguesa instalada en la autosuficiencia, una sacudida histórica en el sujeto –como la Gran Recesión o la Pandemia de COVID-19, que pueden bien ser calificadas de sacudidas–, que lo saca o puede sacarlo de sus casillas.

Resulta interesante recordar la defensa de la persona etiquetada de neurótica por Erich Fromm escrita hace ochenta años. Esta estaría más sana que la «normal» si consideramos que la normalidad consiste en una adaptación social tan completa, en una obediencia a la cultura moral impuesta por la comunidad de tal calibre, que ha tenido que renunciar a su autonomía, a su autorrealización, a sus deseos, a su crecimiento personal. Por su parte, la persona calificada de neurótica se habría resistido a ese proceso de enajenación, aunque «su intento de salvar el yo individual no tuvo éxito y, en lugar de expresar su personalidad de una manera creadora, debió buscar la salvación en los síntomas neuróticos» (1984: 171). La evolución social y cultural del último siglo hace necesario retocar el planteamiento de Fromm, de interés no solo en cuanto al comportamiento colectivo en general sino en cuanto al dilema entre la autonomía y la heteronomía.

Podemos decir que el neurótico posmoderno no lo es por resistir la asimilación social sino porque lograr ese triste destino u objetivo, el de diluir la personalidad en la moral del rebaño, resulta más difícil que antes en una sociedad compleja. No es que no quiera subirse al carro de la identidad colectiva en el que poder instalarse cómodamente eludiendo el trabajo de construcción personal. Lo que ocurre es que el carro va tan rápido que no puede engancharse. Es neurótico a su pesar. Pero continúa siéndolo al fin y al cabo, y por tanto, tentado a volcarse en una vida de fantasías, poco auténtica, en la que intenta, como diría Levinas, «burlar» su soledad. La posición de tensión que califica esa situación neurótica de partida, es importante insistir en ello, no se considera aquí como un diagnóstico psicológico individual sino como una situación cultural compartida que en algunos individuos lleva al trastorno diagnosticable propiamente dicho y en otros a sufrimientos tal vez menos extremos. De hecho, aunque no se pueda hablar de clases sociales en el sentido tradicional del término, eso no significa que la estratificación social no pueda ser analizada de forma que pueda incluso seguir hablándose de neurosis de clase para referirse a los conflictos que originan los movimientos de movilidad social ascendente y descendente, producidos entre categorías más diversificadas, con arreglo a nuevos criterios que se suman a los clásicos y que se reflejarían en los contextos familiar y sexual (Gaulejac, 2019: 17-18).

En todo caso, la distinción entre lo normal y lo patológico se tiende a borrar cuando a medida que el número de personas que asisten a algún tipo de terapia aumenta. Desde la psiquiatría social, algunos autores han subrayado el fenómeno del cambio de la concepción cultural de los trastornos mentales. La confianza en la capacidad individual para conocer el mundo y actuar voluntariamente que suponían el «yo pienso» de Descartes y el «yo siento» de Pascal, como versiones del sujeto clásico, hacen aguas con el posestructuralismo, observa Renduelles (2005). El paradigma fenomenológico de Jaspers que distinguía entre enfermedades cerebrales propiamente dichas –psicosis– y trastornos personales que pueden necesitar del consejo del psicoterapeuta pero que ni pueden ser consideradas enfermedades estrictamente hablando ni su tratamiento es tarea del médico, esa distinción básica, orientativa, se ha venido abajo. Como consecuencia, la psiquiatría entra en el nuevo siglo derivando en un eclecticismo que invierte el orden de cosas tradicional: síndromes que hasta entonces eran considerados simulaciones adquieren el estatus de enfermedades mentales y otras que lo tenían, como la histeria, desaparecen del mapa. Renduelles pone bajo sospecha los nuevos «trastornos disociativos», «alteraciones de la personalidad», «ludopatías», o «trastornos alimentarios». Todos ellos parecen más bien inventos de la sensibilidad posmoderna que certificarían el individualismo en su nueva versión de egolatría, más allá del narcisismo.

Pero la cuestión importante para nosotros, manteniéndonos en el universo de Levinas, que surge tras la evolución del contexto cultural es la siguiente: ¿merece compasión la persona posmoderna –pues ya no se puede hablar de sujeto? ¿Qué debe hacer el médico de familia ante la persona que dice sufrir sin conocer la fuente de sus dolores? ¿Debemos desconfiar de la fibromialgia y otras dolencias sospechando que pueden encubrir un abuso de la confianza del sistema, una excusa para lograr la baja, un fraude a la Seguridad Social?

¿Debemos actuar con indiferencia ante quien dice sufrir, pensando que parece haber indicios suficientes como para no creerle puesto que no hay desequilibrios físicos alarmantes encontrados en los análisis clásicos? ¿Será recomendable recomendar al joven tardomoderno como receta para su angustia levantarse como sus antecesores a las 6 de la mañana y trabajar duro en el campo o en las granjas? ¿Será el estajovinismo la vacuna contra la hipersensibilidad? ¿Debemos volver a aplicar las viejas fórmulas históricas de la dura disciplina para recuperar el umbral de dolor que al parecer hemos perdido? ¿No estaríamos cayendo en el consabido defecto de la imputación al hacer este tipo de interpretaciones? Nosotros, los intérpretes, la autoridad, sabiendo de nuevo lo que es bueno o no para los otros, desde nuestro despotismo ilustrado mezclado con la dureza que otorga la justicia racionalizada y que carga la espalda sobre la responsabilidad del individuo. Pero se trata de una responsabilidad distinta de la de Levinas y contradictoria en sí. Contradictoria porque critica al individualismo al tiempo que lo refuerza, colgándole la pesada carga de la responsabilidad. Diferente de la de Levinas, si no opuesta, porque desoye al otro, se centra en el Mismo, en el criterio de una moralidad impuesta culturalmente.

Todo se juega de nuevo en el terreno de la vulnerabilidad, pero aquí, las posiciones son distintas. Hay un presupuesto subyacente en ciertas posiciones estratégicas que se caracteriza por la dureza, por el juicio rápido, por la etiqueta. Quien mantiene esta posición aborrece en el fondo la fragilidad humana, su falibilidad. Se avergüenza de su herida, como los mexicanos según Octavio Paz en *El Laberinto de la soledad*, a los que les costaría expresar tanto sus sentimientos como sus inseguridades (2015). Este es el prejuicio del sujeto moderno, dominante y prepotente, autosuficiente, al que se refería Levinas como referente a superar en su ética.

Por tanto, es posible extraer la conclusión de que el cambio cultural, las nuevas circunstancias sociales, *podrían* favorecer el pensamiento de Levinas, no en el sentido de confirmar un programa concreto de acción que no se deduce de su obra, sino de presentar tendencias aprovechables para una reestructuración ética de las relaciones sociales. Es como si los cambios de las últimas décadas, en parte, hubieran allanado los trabajos de Levinas, encaminados a visualizar la herida de la vulnerabilidad humana. Viviendo la mayoría de los ciudadanos en una zona media antes segura y ahora mucho menos, la tensión hace posible la recepción de pensamientos basados en la resiliencia. Las trayectorias personales y los modelos filosóficos salidos de figuras construidas desde la resiliencia, deben resultar más útiles y atractivos que otros. Parece cada vez más evidente que el siglo XXI ha comenzado de forma crítica. A finales de julio de 2020, el Director General de la OMS declara que la crisis del coronavirus es una crisis sanitaria de las que ocurren una vez cada cien años y cuyos efectos se dejarán sentir durante décadas[9]. Parece también posible pensar que la filosofía de Levinas estuvo originada en la resiliencia y resulta especialmente útil para situaciones afines. Sin embargo, eso no significa que se trate de un pensamiento para épocas de crisis. Tampoco significa que antes de 2008 las crisis estuvieran «controladas», afectando solo a ciertos lugares o a ciertas minorías. La atmósfera de crisis, la sensación de vivir en un mundo incierto, existía desde la revolución tecnológica. La resiliencia es una constante en la historia de la humanidad, una cualidad siempre activa, como un fuego que no se debe apagar. La propia técnica, y el transhumanismo como uno de sus posibles extremos, constituye, en ausencia de las causas tradicionales de sufrimiento colectivo, un desafío para una convivencia pacífica y responsable con los demás y con el planeta.

---

[9] Declaración emitida por los medios el 31 de julio de 2020.

En épocas de crisis se recupera la retórica de la salvación. Aparecen versiones con cierto grado de mesianismo que ofrecen salidas distintas desde perspectivas distintas. Hoy tenemos la versión del populismo político y de las sectas religiosas. También tendríamos la salida ética, con las indicaciones de Levinas, aunque se trata de una fórmula no solo mucho menos conocida sino menos elaborada programáticamente. De ahí el doble reto, si esta interpretación es correcta, de desarrollarla y de darla a conocer.

Puede que la evolución histórica haya caminado últimamente no por la senda ética sino por un terreno desde donde se puede divisar. Ese hecho, sin embargo, es por sí mismo insuficiente. Vivir instalado en la neurosis y en una filosofía de la duda y de la sospecha es un sin-vivir, algo que podría derivar, en el mejor de los casos, en momentos de conciencia social crítica. Pero, puesto que se trata de un sufrimiento sin marcos místicos, la experiencia radical de la soledad y del otro están prácticamente descartada. Además de ser incierta, se trata de una posibilidad puramente racional, cognoscitiva, basada en el utilitarismo, con lo cual, no habríamos avanzado mucho.

BUSCANDO UNA *SALIDA* EN OTRO TIEMPO

«El sistema de diferencia-y-de-la-contradicción» hegeliano, como lo denomina Derrida, parece una encerrona o trampa porque los términos opuestos no establecen su diferencia en pie de igualdad sino que están destinados a reabsorberse en una síntesis bajo la tutela de un referente o principio de autoridad. De ahí que la «posición» al respecto del que ha sido considerado el filósofo de la posmodernidad, sea la de plantear una «estrategia general de la deconstrucción» que evite, tanto «neutralizar» únicamente las oposiciones binarias de la metafísica como «residir» en ese campo cerrado de falsas distinciones (Derrida, 1977: 54). Derrida advierte y critica los efectos «prácticos» de las propuestas simplemente neutralizadoras, de las «protestas en la simple forma del *ni/ni*» (55). El efecto político es la complicidad con el *statu quo*. Por eso insiste en que, «deconstruir la oposición significa, en un momento dado, invertir la jerarquía». Parece lógico deducir que la crítica de Derrida a los «ni/ni» debamos aplicarla a Levinas. No obstante, y puesto que, de acuerdo con el propio Derrida todo se juega aquí en lo que Husserl llamaba «matices sutiles», surgen algunas cuestiones que podrían alterar esta interpretación y hacer más defensible, política y pedaógicamente, la posición de Levinas.

En primer lugar, la inversión de la jerarquía no es una superación de la trampa porque supone, lógicamente, permanecer en la misma situación de injusticia. En segundo lugar, será muy difícil evitar que la inversión de la jerarquía sobrepase los muros de la escuela, la universidad o las reuniones de camaradas destinadas a la reflexión, de tal modo que las haga comprensibles, y tenga «efectos prácticos» sin caer en la violencia, que es la regla básica del juego político. Será difícil y hasta ahora así ha sido demostrado históricamente, que ese juego no invierta la jerarquía de tal forma que nos quedemos donde estábamos pero al revés. En tercer y último lugar, la estrategia de la deconstrucción con una difer(a) ncia que marca distancias con la diferencia hegeliana puede conseguir ciertamente, en el nivel del lenguaje y del pensamiento, acabar con la diferencia de los términos opuestos a base de un relanzamiento infinito en la máquina (operador dice Derrida) de la diseminación. Pero esa estrategia podría interpretase como compatible con la neurosis adaptativa de la nueva sociedad de clases medias. Se evita la jerarquía pero a costa del orden. Se evita la jerarquía en el desconcierto de lo incierto. Se provoca un vacío de poder transitorio en medio de un salto, se suspenden los efectos de la dominación en la tregua de la crisis, de la transición que supone el viaje, un viaje que es una huida hacia adelante sin meta. Pero el viaje marea, el paseo por el cosmos deja de agradar cuando pasa un tiempo mínimo, la adrenalina cede el lugar a la angustia que provoca la sensación de estar perdidos en el espacio, rebotando ente cuerpos completamente iguales en su diferencia.

Existen, entonces, otras salidas. La salida de Levinas es la de cambiar de lógica, la de cambiar de dimensión, más difícil de realizar porque esa dimensión no se practica, no se enseña y es menos conocida. La posición de Levinas es la de abandonar la perspectiva de lo conocido que presta el plano cognoscitivo, científico-técnico, el plano de la percepción. Abrirse o lo trascendental en la presencia perpetua del Otro a sabiendas de que su proximidad es enorme pero que eso no significa que este «ahí», puesto que la distancia y el tiempo hay que medirlos con parámetros cuánticos, como la luz en el universo. El cuerpo celestial que vemos tan próximo no lo vemos en tiempo real. El tiempo no pertenece a la dimensión de lo real sino de lo inteligible. En esto tiene razón Derrida cuando sugiere que solo así podemos entender la resistencia en Levinas (1977: 128). También cuando observa que al no pensar lo otro perdemos el tiempo y por consiguiente la historia (124).

El tiempo en Levinas no es un tiempo neuróticamente aplazado en la diseminación, en una inseminación artificial del sujeto posmoderno que se desharía, como en un suicidio altruista, en la fantasía kármica de formar parte de todas las cosas renacidas en un planeta futuro. El tiempo de Levinas parecería tener un componente más retráctil que futurista, más conservador que vanguardista. Conservador no como ideología política, ni como actitud vital causada por el temor a perder las posesiones materiales, sino más bien como cuidado de uno y por tanto del Otro —más epicúrea que burguesa en todo caso—; de aceptar la soledad intransferible y por lo tanto el carácter igualmente cerrado y sagrado de la fortaleza del otro, que nunca podrá ser tomada, asimilada, sometida.

«El tiempo —expone Levinas— no es simplemente una experiencia de la duración sino un dinamismo que nos lleva más allá de las cosas que poseemos» (1982: 63). De ser así, consistiría en un instrumento para manejar las cosas, para objetivarlas, para intercambiarlas. El valor de las cosas dependería de la energía que poseen. Y es muy posible que eso sea para mucha gente, lo cual es una pena, porque el tiempo puede ser disfrutado si pensamos en él de forma más amplia. El tiempo no solo se puede medir con el reloj, también puede sentirse. En este caso nos colocamos en un plano de percepción distinto. Una escena aparentemente trivial en la que una flor se marchita, o esa otra en la que acaba la breve vida de un insecto, nos hace intuir otras historias que las que se escriben a escala humana. Lo mismo sucede si pensamos en la vida de la luna. En ambos casos, hay «un movimiento» que nos lleva «más allá de lo que es igual a nosotros mismos» (63). La vivencia poética permite abrir la perspectiva. El poeta vive arrebolado en el tiempo. No es él o ella quienes poseen el tiempo sino el tiempo el que los posee. Incluso el lenguaje rítmico en el que se expresa habla de forma diferente para los poetas. Las mañanas o los atardeceres son menos claros desde la experiencia poética. La poesía es una lupa que valora las cosas en su diferencia radical. La poesía es el filtro temporal por el que el mundo se vuelve asimétrico. Y si eso sucede cuando enfocamos una cosa, ¿qué no sucederá cuando *enfoquemos* a otro ser humano? Lo que vemos entonces es la «alteridad inalcanzable», una paradoja: algo muy cercano y concreto y al mismo tiempo algo que evoca muchas cosas, muchas ideas y sensaciones, un cúmulo de evocaciones que va mucho más allá de la simple *definición de la situación*, así como de la simple definición del rostro como objeto. El Otro se nos aparece, en estas coordenadas, como un misterio fascinante, más fascinante que el resto de los misterios porque está encarnado ante nosotros. Aunque, por deformación profesional, como ciudadano no puedo evitar el que mi cerebro me mande información que caracterice a la persona que tengo en frente analizando su rostro, obedeciendo a un imperativo filogenético del peligro que puede encarnar, para mi parte animal, la presencia de un animal humano, lo cierto es que, al mismo tiempo, contradiciendo este movimiento, surge otro de ad-miración, de fascinación por el rostro que tengo en frente como un cuadro vivo. Un cuadro vivo en el que es posible contemplar no solo el presente sino el pasado y el futuro.

El tiempo, en relación a la alteridad inalcanzable, supone para Levinas la interrupción del ritmo y sus retornos (1982: 63). El ritmo de la vida en sociedad es estresante, especialmente en nuestro tiempo. En él, el tiempo nos echa un pulso con sus ritmos naturales, uniformes y por eso mismo dominables. La tensión impide la felicidad. Esta no viene, según la vivencia narrada por Proust en *El tiempo recobrado*, de un paréntesis en esa fuerza nerviosa que se lograría desconectando del pasado y así liberándonos del criterio de referencia de la autorrealización, tan exigente. Eso sería como detenerse a respirar hondo en medio de la carrera. Se trataría tan solo de un alivio. Pero la felicidad no se puede definir de forma negativa, como ausencia de tensión. Debe consistir, según la intuición, en algo más. El narrador cree que, efectivamente, la felicidad que llegó a sentir no provenía de ese reposo, sino «por el contrario» –con esta expresión se sitúa en el plano positivo–, «de un ensanchamiento de mi espíritu donde se rehacía, se actualizaba aquel pasado y me daba, pero, ¡ay!, momentáneamente el valor de la eternidad» (Proust, 1990: 408). La sensación de eternidad posee ecos de *totalidad* y de *infinito*.

Tiempo recobrado significa pasado revelado. Lo que se revela no es el futuro sino el pasado rehecho en futuro. Por eso puede decir Levinas que en la relación ética se entrevé una temporalidad en el que las dimensiones del pasado y del futuro cobran especial significación. «El pasado del Otro «me mira», no es para mí una simple representación», observa (1983: 73). Es más, añade, me siento partícipe de ese pasado, como del un legado de la historia de la humanidad. Es así como la dimensión temporal usual queda trastocada bajo esta nueva mirada. Si hay un futuro sería la de un *tiempo recobrado* en la que yo comparto el pasado de los otros como comunidad humana.

Ese proceso es enigmático, difícil de describir, de constatar con el sentido común, al igual que los procesos temporales de la física cuántica. La visión poética puede ayudarnos a entenderlo. El futuro, según Levinas, es el tiempo de la pro-fecía (1982e: 73). La profecía es revelación. Lo que revela el futuro es el pasado, que permanece oscuro y malentendido, como mina profunda mal explotada, en la memoria voluntaria. Esta necesita que su hermana, la memoria involuntaria, le eche una mano, que haya una reflexión por tanto no solamente analítica, como la que se emplea en la historia clínica con la finalidad de reparar el ser, sino una atención a los signos del pasado, que vienen envueltos en reminiscencias y en sueños y que normalmente son reprimidos por un yo que los descarta por inútiles. Esto es lo que hace Proust, y de ahí que Levinas considera su obra como la encarnación del misterio del Otro. La pro-fecía se juega entonces en el terreno de la premonición, del pre-sentimiento. Lo que tiene de predicción, la profecía, no es un mensaje nuevo y totalmente sorprendente, un adelanto del destino. De ser así, la profecía nos privaría de la libertad, incluso de aquella que exige la responsabilidad ante el otro. La profecía no es la sentencia autoritaria de un dios o un ser humano endiosado, sentencia basada en un conocimiento esotérico y que por tanto permanece en el nivel del saber concentrado y acaparado por el poder. No puede, el decir de la profecía, quedarse en el nivel del conocimiento. Ni lo predicho se dice en el presente como cosa nueva que nunca ha ocurrido sino que ya está dicho. El problema es que hay que encontrar la fórmula de re-decirlo, de sobre-decirlo, para darle al futuro un sentido de esperanza. Por eso es conveniente abundar sobre esa otra acepción del término profecía que es la conjetura u opinión basada en la interpretación de signos.

El poeta solo es alguien que practica ese deporte, mezcla de placer y de zozobra. En el sonido del viento puede ver anunciada la muerte del otro, pero no como una visión concreta de alguien que muere sino como una pre-monición exenta del dramatismo que le otorga la imaginación en la ficción. «Lo directo de la muerte es el rostro del otro, pues un rostro es visto desde la muerte» dice Levinas (2020: 139). Y advierte que este pensamiento es como el origen, algo que no se puede demostrar: «La preocupación por la muerte del otro es el comienzo del reconocimiento del otro» (Levinas, 2020: 140).

El oído del poeta escucha la profecía del viento, que no es un lenguaje humano ni permite demostrar científicamente su mensaje. Ese mensaje no es causa de temor. El poeta no tiene por misión asustar. La profecía no es la muerte en sí sino la muerte como anuncio presentido, eco que permanece como huella en el alma del poeta y que por ello lo hace vulnerable, y sobre todo, muy consciente, especialmente consciente de su vulnerabilidad, a través de la vulnerabilidad del Otro, cuya muerte se anuncia en diferido. El arte poético no es el arte de la adivinación. El otro morirá, ciertamente, en algún momento, pero el poeta que escucha el viento no sabe cuándo, ni le interesa tampoco. Solo intuye que su muerte es una certeza y es en ese sentido que se trata de una profecía basada en un presentimiento, una revelación, al tiempo que una conjetura a la que llega interpretando signos. El poeta ve la muerte del otro como quien ve una estrella. No sabe si está viva o muerta, solo ve su luz. La luz del otro es la garantía de su total alteridad, de la imposibilidad de saber si está vivo o muerto, de poseerlo por tanto, de conocerlo exhaustivamente. El mensaje de la profecía, por tanto, no es exactamente la muerte del otro sino la existencia de la misteriosa realidad del otro, alojada en el cosmos infinito, tan misteriosa como el propio cosmos, como el mismo infinito.

MATAR EL TIEMPO, *MATAR* AL OTRO

El tiempo duele como miembro amputado. Se siente cuando ya no se tiene. El tiempo es evocación del ser. El tiempo es como el Otro, está hecho de la misma materia inapropiable. Se puede tener la impresión de que se puede matar el tiempo como se tiene la impresión de que se puede matar al Otro. Pero en el fondo sabemos que eso no es posible. «Para mí –dice Levinas– el tiempo es el fondo del ser» (2013: 76). Es desde el fondo desde el que nos habla. Ni el tiempo ni el otro son absolutamente aniquilables. Al revés, siempre se sobreponen. Tiene la virtud de la omnipresencia.

Estamos rodeados de valoraciones erróneas sobre el tiempo. Algunas de ellos forman parte de conjuntos de ideas más amplias que nos gobiernan y que no favorecen la relación ética. Tal cosa sucede con la percepción social del tiempo. Este se convierte en una mercancía y en criterio de estratificación social. La acumulación de tiempo es una señal de estatus. Aquí se produce una inversión que conviene analizar. El tiempo y la riqueza correlacionan negativamente. Cuanto más importante es una persona, debido a su riqueza o a su prestigio social, menos tiempo se supone que tiene. El tiempo se le va en la gestión de los muchos asuntos que debe resolver. La persona muy ocupada no se ocupa de los demás sino de las cosas. Pero no tener tiempo para el Otro no es como no tener comida para poder compartir con él. El tiempo y la comida no son bienes de la misma naturaleza. No existe una razón para no tener tiempo para el Otro, a no ser un motivo extrínseco, social. La excusa típica: «lo siento, pero no tengo tiempo», es una forma de neutralizar el llamado ético. Lo que se quiere decir es que no se quiere uno hacer cargo del Otro, que no se quiere compartir lo que se tiene con el Otro. Puesto que el sistema de traducción del tiempo en dinero llega en nuestra época a un grado de perfección supino, tal negación se hace más generalizada y más penosa. Puesto que todo sistema de traducción implica la traducción inversa, la moneda de curso legal que indica la escasez por excelencia no es el dinero sino el tiempo. El tiempo es la única moneda inagotable que se agota en las relaciones sociales de nuestra época. Así nos hemos organizado.

Pero esta apropiación social del tiempo es un mecanismo cultural de reproducción social. Las relaciones que lo propician no surgen de la ética. Antes al contrario, propician la despersonalización, la desconsideración del otro como ser radicalmente diferente. Las relaciones que subyacen en la apropiación social del tiempo son impersonales porque se basan en el mecanismo económico de objetivación de la mercancía que da lugar a su acumulación y reparto desigual. La diferencia entre las personas no reside, según esto, en su alteridad inapropiable sino en lo que tienen de homogéneo y apropiable. El tiempo lineal es un constructo básico de la cultura burguesa. Reducido a una medida estándar, permite el intercambio y la sustitución de las unidades individuales, que son también las personas como individuos, privados de su diferencia radical e incomparable. «Tiempo de la indiferencia», como observa Mèlich, que muy bien puede así convertirse en el tiempo de la barbarie (1998: 185).

Pero el tiempo nunca se deja apropiar –*matar*– del todo, de forma que en el riesgo de su pérdida va implícita esta verdad negada. El corsé de la rentabilidad del tiempo tiene un defecto de fábrica. La bestia del tiempo admite aparentemente su domesticación pero, como en el caso de ciertos animales, siempre existe el riesgo de que en un momento dado muerda la mano que le da de comer. En ese caso se cumple verdaderamente la mentira que solo se usaba como excusa para no atender al Otro: «perdona pero no tengo tiempo». En ese caso, decimos, siendo sepultado fatalmente por la avalancha de tiempo acumulado, se hace verdad la frase: «perdona pero se me acabó el tiempo», como una venganza de la suerte tentada por la mentira, en una especie de justicia que tradicionalmente se llamaba divina. Esta sensación supersticiosa puede interpretarse como un resquicio irracional de las religiones en el pasado pero también como una intuición ética. En ese caso, no es que se traicionara en realidad a una divinidad sino a la llamada inapelable a la responsabilidad para con el Otro, que no admite falsedades ni bromas. El hecho de que hoy en día, siguiendo la senda de los ilustrados, la gente ya no limite sus excusas ante los demás por el temor interno, sentido más que razonado, que despierta la posibilidad de que la mentira se vuelva realidad por la acción de una justicia no humana, que en realidad es la más humana de las justicias, solo es una prueba más de las consecuencias nefastas del imperio de la razón en el terreno ético. Aquí se produce, o se producía, un punto de encuentro entre las ideas de Levinas y el instinto gregario de la comunidad. Había una regla tácita a la hora de mentir al Otro, incluso en el caso de la mentira piadosa: no mirarle a la cara, por si acaso. Era más difícil, en principio, en esa relación espontánea, menos maleada socialmente, menos socializada, por tanto en condiciones digamos normales, fuera de la planificación malévola y entrenada, aguantar la mirada del Otro mientras se le engaña. El rostro del otro actuaba como pantalla disuasoria de mentiras pero también como aviso de posible venganza, no de la persona que encarnaba exactamente, puesto que esta no era probablemente consciente, sino de un extraño sistema de justicia sobre-humana que lo protegía y que en realidad emanaba de su sobre-ser, de su aura ética que impele a la responsabilidad.

Podemos imaginar cómo razona quien pide perdón finalmente por no haber tenido tiempo: «perdona, pero se me acabó el tiempo. Se me acabó la vida, ojalá pudiera dar marcha atrás para darte el tiempo que me pedías, aunque fuera sin pedírmelo, con tu sola presencia, aunque no estuvieras a mi lado, porque entonces podría entender mejor el sentido de mi vida, podría sentir ahora tal vez menos pesada la soledad, podría tal vez temer menos a la muerte».

En este monólogo-diálogo parece que la muerte es la piedra de toque del tiempo pero no es así. La persona en cuestión, la persona cuestionada, podría recuperarse y tener una segunda oportunidad de vivir. En ese caso, el perdón tendría la función de reestructurar las relaciones desde una dimensión ética. Cobra aquí sentido la idea de Levinas de que «con el tiempo, el perdón se vuelve la estructura del ser» (2013: 76). Aquí reside la parte práctica o esperanzadora de la propuesta ética de este autor desarrollada y adaptada a nuestra época.

A Levinas le gusta aludir a un «tiempo antes del tiempo», un inmemorial que no es representable, como el pasado, un «antes no sincronizable con lo que le siguió», algo que escapa a la idea de creación, de fabricación, de construcción (2001: 135). El autor reconoce que en su obra, de esta forma, ha privilegiado el pasado en relación al futuro. Lo justifica en parte observando que el porvenir apenas puede anticiparse, que es de naturaleza desconocida. El pasado se presenta así como un concepto que desborda tanto tiempo pasado de la acción como el depósito de memorias en el que el se hace presente re-presentándose, por tanto, hemos de pensar que repitiéndose. Al matizar así el pasado, Levinas puede conectarlo con la relación ética, que también se caracteriza por una manifestación del rostro del otro que va más allá de su representación, de la percepción.

El tiempo del poeta presenta un matiz diferenciado de la idea de Levinas pero no contradice la conclusión. El poeta se halla, verdaderamente, en una relación un tanto especial con el tiempo que podría ser calificada de un «más allá de» o un «fuera del», más tal vez que «antes del». Igualmente, el futuro es importante para el poeta, aunque ocupe menos espacio que el pasado en sus creaciones. En el caso de Levinas habría que aclarar que, el hecho de que aloje la alteridad más en el pasado que en el futuro, no significa que no conceda a este último su importancia (Herrero Hernández, 2005: 404). Todo humanismo se preocupa por el por-venir. Un humanismo basado en el otro no puede pensarse dentro de los parámetros mentales de la tradición del humanismo, aquejado de etnocentrismo, pero por eso mismo se ofrece como esperanza y por tanto como posible futuro.

Así como el poeta no es un profeta ni un sociólogo prospectivo, tampoco tiene las llaves del pasado, sea este el que sea. La memoria puede ser involuntaria. Esto significa que a veces lo tiene a su disposición y otras no. Por otro lado, habita el futuro por adelantado debido a su presencia, sin poder evitarlo. En el presente del poeta se da una especie de fisión nuclear en la que el núcleo del presente, al ser bombardeado por el neutrón de la impresión, se divide en los núcleos del pasado y del futuro liberando una gran cantidad de energía que haría resplandecer el mundo, otorgando rostros a los seres y a las cosas. La explosión toma forma de sorpresa, lo suficientemente exagerada como para que todo su ser tiemble. La zozobra, el presentimiento de la tragedia que acecha, se convierte en conciencia de herida, de vulnerabilidad, que puede dar cabida a la relación ética.

Puede descansar de la sorpresa explosiva en el pasado o en el futuro, en los recuerdos positivos o en la utopía imaginada.

Pero habita así un tiempo que está más allá del tiempo. Un *entretiempo* más que un contratiempo[10].

Es importante subrayar la idea del entretiempo para distinguirlo del mero presente. Vivir el presente a secas es lo que hace el existente. Quien recomienda vivir al día no suele ser quien ha pasado por una enfermedad grave o un trauma de forma y recomienda mostrarse agradecido con la vida, adoptando una actitud de humildad alegre. Mucho más común es quien adopta la actitud del vividor, agudizando al máximo el egoísmo. Es así como puede decir Levinas que el presente introduce la excelencia, la señoría y la virilidad (2000: 133). Uno intentando sacar de lo que le rodea, incluidos los otros, el mayor placer posible. El presente es el único tiempo en el que el sujeto puede fantasear con tener el mando, el control sobre las cosas. Frente a ello, el entretiempo es un presente continuamente desfigurado por el pasado y el futuro, abierto en canal, a flor de piel, incontrolable.

Levinas también usa el término «entretiempo» en su ensayo «La realidad y su sombra» sobre el arte moderno en un sentido parecido al sugerido aquí. El artista moderno trabaja, como el filósofo que puede interpretar

---

[10] Antes de conocer el ensayo de Levinas sobre el entretiempo yo había publicado mi poemario «Canción de entretiempo» (2018). También había escrito ya la parte de la poética aquí recogida en la que hablo del entretiempo. Su conocimiento me supuso pues una agradable sorpresa.

su obra, con la duda, sin el apoyo de los modelos clásicos, sin la certeza de la idea de una belleza absoluta. Él mismo tiene que interpretar sus mitos, él mismo tiene que crear un sentido que no podrá presentarse como inacabado. Es una pesada carga, la de no limitarse a reproducir el canon. Una tarea un tanto triste, frente a la idea de final y de belleza feliz del arte clásico, porque no goza de absolución final, no está destinada a una superación —no está encerrada por tanto en un destino—. Su valor es «ambiguo: único porque no es superable, porque, incapaz de acabar, no puede ir hacia *lo mejor*» (2001a: 63). Visión e interpretación de una estatua como ejemplo de tejido del entretiempo. El arte, «al introducir en el ser la muerte de cada instante realiza su duración eterna en el entretiempo»(63). El filósofo, continua Levinas, al contemplar la estatua, como intérprete, «descubre, más allá de la roca embrujada donde permanece, todos los posibles que trepan alrededor» (65). Lo que significa, concluye, que la obra de arte puede y debe ser tratada como un mito: «esta estatua inmóvil hay que ponerla en movimiento y hacerla hablar» (65).

Por otro lado, puede que el tiempo propuesto por Levinas como un tiempo «antes del tiempo» sea la misma cosa o parecida, o en todo caso compatible, con este tiempo que sugerimos aquí «fuera del tiempo», en el sentido de que «la explosión» de pasado y futuro en el presente experimentada por el poeta es original, origina el tiempo, da lugar al sentido del tiempo, es el pistoletazo de salida: así el discurso-canto que inaugura las fiestas.

En la explosión, el pasado y el futuro se borran momentáneamente. En el presente en llamas, la sensibilidad del poeta refleja la herida a flor de piel de la que habla Levinas en su relación ética, al caracterizarla como vulnerabilidad. No controlando el poeta-filósofo su entretiempo.

El entretiempo habitado por el poeta no es intencional y por tanto es compatible con el problema que Levinas identificó en Husserl. El concepto de diacronía del primero se ofrece como alternativa a la intencionalidad del segundo. El tiempo para Levinas es lo no intencional porque escapa a la conciencia. La temporalidad de la diacronía se opone al tiempo de la conciencia que es el del saber, el tiempo lineal, del flujo, de la presencia, negador de la diferencia irreductible que es la que está implicada en el Otro, tiempo ideal que predispone a la síntesis (Conesa, 2010: 437). El presente, con su continuo desfile de re-presentaciones, anula la diacronía, impide la convocatoria del pasado y el futuro o los falsifica haciéndolos presentes, representándolos. Pero la explosión de la fisión que se da en la experiencia poética no abre un resquicio insuficiente en la puerta de la conciencia sino un boquete por el que la exterioridad radical del otro inunda la estancia por completo. En la poesía, probablemente mejor que en ningún otro sitio, se observa además cómo lo otro se concentra en el rostro del Otro. Cómo el presente de la sorpresa es el momento de la apertura a la trascendencia. El pasado y el futuro son imprescindibles para el poeta, como materiales que alumbran las inspiraciones fulgurantes, pero también como escenarios donde se construyen las imágenes que dan sentido a la existencia. Sin embargo, el yo no actúa como un sujeto que forja conscientemente y con esfuerzo una identidad, escultura de un ideal de la personalidad que aspira a cobrar vida y que servirá de pirámide o cámara funeraria del hombre deificado. Sin pasado y futuro no hay apertura a la trascendencia.

EL POETA COMO MEDIADOR

Ética es funambulismo, arte del equilibrio. Ética es fórmula de ingredientes que deben estar cuidadosamente equilibrados. Se sirve en monodosis. Para la siguiente ocasión, hay que volver a fabricarla. La ética, para Levinas, está formada por dos partes aparentemente contradictorias e irreconciliables. De un lado, el proceso de «existir», única cosa que no se puede comunicar –se puede contar pero no compartir– (1982: 58). De otro, el hecho de que vivimos «con» los otros, de estar por consiguiente rodeados de ellos, de que todas nuestras relaciones sean en el fondo «transitivas».

Aparentemente, su concepto de socialidad puede leerse como una categoría intermedia entre la autonomía y la heteronomía, en una tierra de nadie, próxima pero alejada de los peligros de los extremos: el narcisismo y la enajenación colectivista representada en la moral del rebaño. En *El Banquete*, Platón recuerda a través de Sócrates la figura de Diotima de Mantinea, la cual le le habría enseñado que Eros es una figura intermedia entre los dioses y los hombres, un intermediario. Alguien que se identifique con el papel de mediador vive permanentemente en la cuerda floja, amenazado por dos fuerzas que tiran de él hacia los dos lados del abismo. Vive en la duda, en la incomodidad, en el cuestionamiento perpetuo, sospechando siempre de todo. ¿Cómo romper con ese círculo vicioso de la *filosofía de la sospecha* cuyo infinito criticismo lleva en última instancia a atentar contra el autocuidado y el cuidado del otro? ¿Cómo romperlo sin caer en otros abismos de los que está plagado el terreno, como la teodicea o las ideologías políticas? La propuesta de Levinas tiene que encontrar una forma de romper con el motor de su reflexión, cuya inercia tiende a encerrarlo. Debe escapar —una vez más—, zafarse cual prisionero astuto de la jaula de la filosofía. ¿Puede encontrar paz un mediador? ¿Puede Eros ser feliz como semidiós? ¿Se puede habitar *en medio de un salto*, ni en el cielo ni en la tierra, lejos de los peligros que ambos encarnan?

Es posible vivir en una zona intermedia resolviendo la contradicción del punto de partida entre la inevitabilidad de la presencia del Otro y la soledad sin caer en la neurosis. Es posible seguir hablando e imaginando una vía intermedia con la precaución de avisar previamente de que se trata de un subterfugio, puesto que las posiciones inetermedias no existen en realidad, solo cabe imaginarlas, pues el punto de encuentro no ocurre en ningún lugar como espacio definido previa y estratégicamente, aunque puede materializarse espóradicamente en espacios materiales si se dan ciertas circunstancias. El espacio de intersección propuesto por Levinas es el de la vulnerabilidad como herida individual que me caracteriza tanto a mí como al Otro.

Hölderlin expone, en su poema «Vocación de poeta» (*Dichterberuf*), que los poetas se caracterizan porque pueden distanciarse de los «afanes de los mortales» (1986: 242). En este sentido, puede decirse que tienen una tendencia, bien por su personalidad, bien por entrenamiento, bien por sus vivencias, bien por todo ello, a practicar esa operación de alejarse de las cosas para más de cerca. Si se sienten diferentes a los otros no es solo porque no acaban de encajar en sus constumbre sino, también y además, porque se sienten próximos a algo que no pueden ver, a una dimensión en que se ve la vida de forma diferente. Es por ello que Hölderlin puede pensar que tienen asignada una misión especial, la de mediación entre los dioses y el pueblo, es decir, entre lo trascendente y lo material (Heidegger, 1983: 66). Esto podría indicar hasta qué punto no se sienten comprometidos con las normas sociales, con la comunidad basada en rasgos exteriores comunes, como diría Levinas. Pero eso no significa que renieguen de su parte de identidad humana. De ahí que añada que tampoco se trata de ser «demasiado juicioso», de manera que «es bueno que un poeta con la gente se asocie». De esta forma, el poeta representa a Eros, la figura de mediación que nos permite acercarnos a la paradoja propuesta por Levinas sobre la socialidad, con su marca erótica.

¿Cómo salir del solipsismo? A través de la socialidad, pero entendida de un modo especial. «La socialidad –dice– es una forma de salir del ser por otro camino que el del conocimiento (1982: 62). La socialidad no es una forma de socializar, como se dice ahora en el lenguaje coloquial, una manera de matar el tiempo, de pasarlo bien con los otros. Pensemos en el ocio juvenil. El pasatiempo más compartido es precisamente el ocio «social», el ocio de «salir» a divertirse con los otros. Esta «salida» tampoco es la salida (*sortie*) a la que alude Levinas en su socialidad. De hecho, podríamos interpretar este tipo de salidas dentro de las numerosas formas placenteras que hay de burlar la soledad –recordemos que para sociólogos como Bauman la soledad es el gran problema del individualismo de nuestros días–. La propia expresión indicaría ya que son puros subterfugios, espejismos (1982: 61).

Ya hemos visto cómo Nietzsche, en el prólogo a *Humano, demasiado humano,* caracterizaba a los poetas como habituales falsificadores e inventores del mundo. Pero el poeta es el ser que menos falsifica. En su papel de mediador, conecta con una dimensión sagrada, en parte voluntaria y en parte involuntariamente. No sabe qué es lo sagrado, ni lo ha estudiado o analizado con un método o técnicas de investigación. Intuye su carácter sagrado porque accede no a las cosas mismas, a través de su percepción, sino a su sobre-ser que tienen. No en el sentido de un doble anímico que se pueda definir y clasificar con una jerga esotérica, sino en el de una realidad que las sobrepasa y que se desprende de ellas. Se trata de una mirada, de una segunda vista capaz de captar la capacidad que tienen las cosas de transformarse, de borrar los límites de sus contornos y de extenderse tomando otras formas conectándose entre ellas también con relaciones cambiantes.

Si, en general, el mundo ha ido perdiendo su carácter sagrado esn precisamente porque se ha manipulado de tal forma que al final es muy difícil controlar la manipulación que lo estafa, su falsificación. Con las nuevas tecnologías de la comunicación resulta difícil distinguir la verdad. Los titulares de las noticias explotan el lado ambiguo de la realidad. Los videos pueden ser tuneados hasta el punto de poner en boca del personaje cosas que no dijo. Los falsos poetas, infinitamente más numerosos que los verdaderos poetas, movidos por el narcisismo, producen versos *ad hoc* aprovechándose de la ideología o de los acontecimientos del momento.

Pero los verdaderos poetas escriben porque tienen algo que decir, algo que no depende de ningún encargo o autoencargo específico, ni de una moda ni de un acontecimiento mediático, sino de una necesidad imperiosa que surge al conectarse con una dimensión distinta a las que delimita la ciencia en el espacio y tiempo tradicionales. Cuando el poeta se pone al servicio de un poder o interés extrínseco siente que traiciona su labor. No se trata de ser un purista. En un momento dado puede hacerlo, pero a diferencia de otros «oficios», la sensación de que está violentando su ser y su consecuente arrepentimiento será mayor. Tampoco inventa nada. Por no inventar no inventa ni siquiera el lenguaje. Al fin y al cabo la poesía es un artefacto cultural. El poeta necesita un instrumento mental para intentar comprender lo que ve, así como un vehículo para comunicarlo. Pero reconoce que es insuficiente, que no puede con él describir lo que ve, piensa y siente. Al menos parte de ello, lo «innombrable». De ahí que su labor siempre se enfrente a una cierta insatisfacción, que no llega a frustración, porque cree que las cosas son como son, es decir, que hay cosas o aspectos de las cosas inefables, que no se pueden expresar, y no fuerza su expresión, por tanto, no llega al punto de inventársela. Esto equivaldría a falsificarla. Precisamente el poeta es uno de los seres que resiste la tentación del sujeto moderno de someter el mundo a su dominio, en este caso con las armas del lenguaje. Cuando usa la metáfora, a diferencia del falso poeta, no lo hace solo jugando, llevado por el placer del juego, dejándose llevar, montado en su caballo, convirtiendo el medio en un fin. La metáfora es un instrumento serio del trabajo de intentar describir lo que se «ve» con la mayor lealtad posible.

Este uso de la metáfora por parte del poeta entraría dentro del decir propuesto por Levinas, caracterizado por la abocación a la sinceridad. El sentido de la sinceridad transmite la infinitud, transporta al infinito, al ser un decir que se antepone a lo dicho. Lo dicho puede pone a disposición del sujeto recuerdos que alienen el presente, secretos, representaciones, donde se puede ocultar. Pero hay, según Levinas, un pasado más lejano que el pasado representado, uno que nunca se ha presentado y por tanto no ha dado lugar a un comienzo, a un ciclo, a un origen cifrado descifrable. El él, el sujeto queda al descubierto, sin protección o escape frente a la obsesión por el Otro, «abocado a la sinceridad», encarado irremediablemente a la responsabilidad ante el Otro (Levinas, 1999: 220-21).

¿Y quién está más abocado a la sinceridad que el poeta? ¿Quién podría percibir mejor la «gloria del infinito»? El poeta, al atardecer, glorifica el pan y el vino en la posada puesta en su camino. El poeta es quien glorifica, quien da por buenas las cosas, quien encuentra el lado bueno de las cosas, por tanto quien las santifica a través de sus cantos. La gloria del poeta trasciende su fama, que sería un burda versión centrada en su narcisismo. La gloria solo es alcanzada por el poeta en un más allá, en otro tiempo en el que se logra el milagro de la comunión de sus paisanos en el bodegón glorificado del pan y el vino. Para acceder a la gloria hay que salirse de uno mismo, estar encajado en un infinito glorificado que impide una lectura meramente halagadora.

En el sentido hebreo del término, la gloria implica la presencia o esplendor de Dios. Pero sucede que el ser humano «no soporta sino por unos instantes la plenitud divina», de ahí que «el goce puro y espiritual todavía es demasiado grande para los hombres del presente», en el decir de Hölderlin, en su poema *Pan y vino*. De ahí la necesidad del poeta mediador.

Es así como el verdadero lector de poesía nunca sospecha del verdadero poeta, a diferencia de los otros géneros de ficción o no ficción, donde siempre cabe la manipulación, y más en nuestro tiempo. No lee los versos como quien lee un ensayo, una fabulación o una crónica. La relación entre el poeta y sus lectores refleja la atmósfera sagrada que rodeó al autor cuando escribió, con el máximo pudor y tacto, el sobre-ser de las cosas que vio.

¿Consigue el lector ver eso mismo? ¿Consigue comprender todo lo que dice el poeta? Por supuesto que no. Pero aquí tampoco hay frustración porque tampoco lo pretende. Esa pretensión la tienen solo los falsos lectores de poesía, que también existen, y que se enfrentan a la poesía con el prejuicio de los estudiantes que se ven obligados a encararla en la educación formal bajo la férrea dirección de los profesores de literatura o de los críticos literarios, al intentar descomponerla con sus métodos analíticos, convirtiéndola en lo que no es, en un objeto de conocimiento científico. Si el propio poeta no pudo dar cuenta de todo lo que vio, el lector no puede pretender verlo. La comunicación entre el poeta y sus lectores se da en el campo de las evocaciones, entre unidades de contenido relativamente autónomas solo a veces comprensibles en algunos aspectos por el contexto. El poema es un equilibrio de contenidos autónomos y heterónomos, entre el yo del poeta y el yo del lector. Pero la evocación no puede entenderse como limitada a las acepciones que da el diccionario. No está presa de los materiales de la memoria, y por tanto no se presta a ser archivada y analizada. Tampoco es un recurso de la imaginación como asociación de ideas, ni como instrumento terapéutico ni, de nuevo, como puro juego en el sentido de un arte de divertir divirtiéndose, en el terreno del ingenio. Se podría decir incluso que el poeta no está para juegos porque el juego, en el sentido que le otorga Levinas, no le puede ser ajeno el interés –del honor, del dinero–. Es al ser al que le va el juego, pero no al poeta. Si queremos romper con el interés, sembrar la actitud de «gratuidad integral», provocar el «compromiso por acercamiento», el uno-para-el-otro, tenemos que retroceder a un decir del prójimo desacostumbrado, fuera de estereotipos refraneros, un decir orginal, o mejor aún, pre-original –si desconfiamos del origen como Foucault–, un orden anterior al ser, una dimensión en la que el logos «teje una intriga de responsabilidad» (1999: 48).

Cuando el lector cierra el libro de poemas piensa que «sabe algo» de lo que encierra, no todo. El poeta que leyó es literalmente, en la cultura nahua, «el que sabe algo» *(Tlamatine)*. Ni el que sabe que no sabe nada (Sócrates), ni el que cree que lo sabe todo, ni el que aspira a saberlo todo. Este último encarna el prototipo de sabiduría de la época moderna. La ciencia ha avanzado tanto que soñamos con ser omniscientes, perdiendo el sentido humano de la vulnerabilidad. Otra cosa es que esta venga impuesta por la circunstancias, causando una contradicción entre nuestro deseo y la realidad. Pero el poeta encuentra una posición de autenticidad y serenidad en el mundo, libre tal contradicción, y puede traspasarla al lector.

El poeta nahua es respetado, venerado, como alguien que está en contacto con lo sagrado, con lo trascedente. El ser menos falso sería el poeta. Por eso se le confía la gobernanza. No es un filósofo-rey. Es un poeta-filóso-fo-gobernante, como Nezahualcóyotl.

El poeta es el ser menos falso que existe, el ser menos falsificador y mentiroso del mundo, porque es justa-mente el camino para salir del mundo terrenal, plagado de mentiras y de trampas. La vida para los nahuas es un sueño en el sentido de mentira, de falsedad (León-Portilla, 1963: 203). La verdad es lo que se asienta, lo firme, la raíz, lo que permanece, algo que no existe en la tierra, algo que se puede encontrar en la poesía. La poesía es el único consuelo, pero no porque fabrica un falso paraíso donde refugiarse. Al contrario, el poeta, en primer lugar sufre con la mentira, con la contra-dicción, con los rumores, con la falsificación: «Todo lo que es verdadero,/lo que no tiene raíz,/dicen que no es verdadero,/ que no tiene raíz./¿Eres tú verdade-ro?)». (León-Portilla, 2008: 37). Luego busca: «¿Dónde tomaré bellas flores/bellos cantos?» (53). Luego conec-ta: «Percibo lo sagrado, lo oculto» (35); «Por fin lo com-prende mi corazón: / escucho un canto,/contemplo una flor (41). Finalmente halla consuelo: «Solo con nuestras flores nos alegramos/ Solo con nuestros cantos/ perece nuestra tristeza» (41). Pero no inventa nada. Los cantos que recoge: «Los inventa el Dador de la Vida» (41). La misión del poeta es preguntarse: «¿A dónde iremos donde la muerte no exista?» (35). A la poesía, al lugar donde habitan las flores y los cantos que no se marchitan, que no pueden ser falsificados: «No acabarán mis flores, /no cesarán mis cantos. Yo cantor los elevo» (33).

Es así como «el que sabe algo», el poeta-filósofo, hace sabio al lector o al oyente. No por inculcarles un dogma sino por compartir su *vis-ión*. El sabio, según anotación marginal hecha por Fray Bernardino de Sahagún en el *Código Matritense de la Real Academia*, «Hace sabios los rostros ajenos, hace a los otros tomar una cara, los hace desarrollarla» (León-Portilla, 1963: 65). León-Portilla, realiza las oportunas aclaraciones lingüísticas. «Te-ix-tlamachtiani», significaría, literalmente,«el que enriquece o comunica algo a los rostros de los otros» –*ixtli* es rostro– (67). «Te-ix-cuitiani» significa «A los otros una cara hace tomar», mientras que «Te-ix-tomani» significa «A los otros una cara hacer desarrollar».

El poeta no vuelve sabias las cabezas ajenas, ni sus manos, es decir, no pasa o comparte un conocimiento teórico ni técnico. Su sabiduría va al rostro ajeno. Y debe venir, en consecuencia del rostro propio.

Pero para poder compartir la sabiduría, para poder hacer sabio el rostro ajeno, el poeta filósofo debe antes ser consciente de que la presencia del Otro. Y no solo de su presencia física general, como cuerpo, sino especialmente, y en primer lugar, de su rostro. Por eso es tan interesante la metáfora nahua para interpretar el pensamiento de Levinas. «El que sabe algo», «hace a los otros tomar un rostro». El Otro se presenta, para el poeta como un rostro.

No es que él se lo invente o se lo otorgue como creador sino que lo com-prende en un rostro. El rostro del

Otro com-pendia al otro, es el canal de transmisión del Otro como ser trascendental, inefable, incontenible en un receptáculo corporal o contorno que se presta a la percepción. Si el rostro tiene algo de fantasmal en los sueños y en las leyendas es porque sus rasgos nunca están claros del todo, porque indican la imposibilidad de su conocimiento y por tanto de su posesión. Podría interpretarse el rostro en este fragmento de la lengua náhuatl como personalidad del Otro, como hace León-Portilla. Pero la personalidad como conjunto de rasgos coherentes que definen el comportamiento del Otro aludiría a un ser concebible de acuerdo con los criterios de la psicología, y por tanto no encajaría con la línea de razonamiento de Levinas. Otra cosa es el sentido que le atribuyera Ortega y Gasset en su exposición sobre Goethe, en su conferencia de Hamburgo en agosto de 1949, donde retoma el concepto de personalidad del alemán no como hecho de conciencia, no como lo que somos en cada momento sino como algo externo a nuestro ser que debemos esforzarnos en realizar (1983: 539). Por tanto, como un conjunto de inclinaciones individuales que se debe escuchar atentamente para no traicionar y que conocemos sobre todo de forma negativa, es decir, cuando sentimos que hacemos algo en contra de nosotros mismos.

Esta explicación tampoco coincide exactamente con la exposición de Levinas porque la ética como relación cara a cara marca una responsabilidad universal e ineludible hacia el otro, no una opción individual. La interpretación orteguiana de Goethe está basada en la autonomía del sujeto, frente a la de Levinas que se basa en la heteronomía. La primera deposita, frente a los cantos de sirena colectivos, señal del nihilismo, la posibilidad de salvación en la fe en el individuo, que se convierte en el centro del mundo. La segunda narra la caída del ángel humano en la posmodernidad, del ángel que más brillaba y que se rebeló contra toda sumisión sin poder evitar caer en la egolatría. La salvación por tanto no puede ocurrir en un contexto narcisista, sin contar con el otro, o contando con el otro como sometido.

Para Levinas el rostro es la carta de presentación del Otro. Pero no se trata de un acto de presentación cerrado, una parte de una función que acaba, sino de una presentación que no acaba, infinita, abierta. Por eso dice que lo Mismo nunca está en reposo, siendo que debe pensarse lo Otro en lo Mismo, no como una repetición de lo Mismo (2001: 216). El rostro se presenta abiertamente en un acto de apertura, porque su acción es abrir, como un *rostrum*, como el cascarón de proa que navega abriendo las aguas, rasgando o royendo el viento (*rodere*), en constante aventura, en perpetua exposición, absoluta, excesiva –de ahí las alusiones de Levinas a la sobreabundancia, al exceso–. Pero esto también puede decirse del rostro del poeta que comparte su sabiduría como *vis*-ión, porque esta es la consecuencia de en-carar el mundo, de exponer su rostro (*vis-age*) al mundo.

El rostro deviene así un no-lugar sagrado donde se refleja un tiempo que está fuera del tiempo, la dimensión de lo trascendental. Porque solo el rostro es capaz de expresar el trance de salir del tiempo. Solo él puede estar desencajado, expresar la paradoja de la mirada perdida, cuando en realidad está más concentrada que nunca, más atenta que nunca a una señal invisible, menos ausente que nunca; mirada en realidad que sorprende el otro en pleno re-encuentro.

Si antes hemos podido aludir a una evocación en la comunicación del poeta con el oyente, que había que matizar porque la desbordaba, ahora podemos completar esta idea con otras palabras con la misma raíz. El rostro no solo e-voca sino que también in-voca, y también con-voca. Es decir, no se limita a recordarnos algo, a estimular nuestra imaginación o llamar desde dentro, en un clamor tácito –el rostro habla sin usar la boca–, sino que abre la comunicación más allá de su interacción conmigo. Hace presente a un tercero, eterniza la invitación a los demás a estar presentes –«En el Otro está representado el tercero» (Levinas, 2001: 129).

El poeta no siendo Ulises

Husserl priviegia la presencia, el presente y la representación, un concepto del saber «obtenido a partir de la analogía entre el comportamiento de un cuerpo extraño, objetivamente dado, y mi propio comportamiento» que aporta únicamente una idea general y común de la interioridad y del yo, pero deja escapar, en cambio, la alteridad indiscernible. Al reorientar la intencionalidad hacia el Otro como exterior absoluto y principio anárquico, Levinas se sitúa «fuera o al margen del proyecto fenomenológico impulsado por Husserl» (Herrero Hernández, 2005: 397). La «intencionalidad no teórica» no logra, según Levinas, romper con la dimensión teorética. Solo la relación con el Otro podría hacerlo (Aguirre y Jaramillo, 2010: 67).

La crítica de Levinas a la conciencia representacional se sirve de su oposición al método mayéutico de conocimiento, o a la evasión como aventura del burgués, forma de entender tanto el conocimiento como la vida en general. También utiliza sus ideas sobre la conciencia prereflexiva, el tiempo, la exterioridad o el lenguaje. Todos esos elementos están relacionados y sobre todos ellos vuelve Levinas en sus obras dando pistas sueltas. Este tratamiento de las ideas plantea por tanto el reto, como en general ocurre con toda la obra del filósofo de recomponer el puzzle. Pero la labor de reconstrucción de ese pensamiento no se puede equiparar a una mera recomposición. Más que un puzzle nos encontramos ante un mosaico en el que las piezas deben ser además, aclaradas, coloreadas, desarrolladas, puesto que el dibujo solo está sugerido, como si se tratara de una pieza antigua. Por otra parte eso dota al trabajo de un valor añadido. El sabor a antiguo indica su atemporalidad y su carácter enigmático, su poder pro-fético, como diría el propio Levinas. La equiparación de la obra de Levinas con una pieza arquitectónica que hay que analizar la aleja del tipo de legados cerrados cuya interpretación no deja lugar a dudas y que, por consiguiente, pasan a formar parte del infinito cuerpo muerto de conocimientos estratificados.

El saber poético, tal y como aquí se está sugiriendo, parece compatible con estas indicaciones que da Levinas sobre un saber pre-reflexivo. Permite desarrollarlas y darles una cierta imagen coherente que le permita pasar de la teoría a la práctica, salir del sujeto de una forma más clara.

El poeta no es Ulises, su saber no está obligado a medirse con el referente original del que parte, cuna del conocimiento, único anclaje legítimo, para ser admitido y valorado. El poeta no es un conquistador cuyo objetivo es un suma y sigue para mayor gloria del rey o emperador de sí mismo. No depende de documentos que certifiquen sus estancias en «el extranjero». Le basta una pequeña colección de viejas fotos y notas que, por cierto, le cuesta mirar, porque en ellas está encerrado el misterio del Otro y cada vez que se acerca es como si se atreviera a invadir un escenario sagrado, un sagrario donde habita el espíritu vivo del Otro.

Opera así, de forma opuesta al turista que acumula contenidos audiovisuales para exhibirlos. Sabiduría del pudor o conocimiento ostentoso. Discreción del saber o conocimiento conspicuo. Si no lo muestra, tampoco lo *va contando por ahí*. Más allá de las pruebas, el lenguaje del relato no hace honor a la experiencia del encuentro con el Otro. Este tiene mucho de inefable. Impotencia del lenguaje que aspira a prender al Otro como un pájaro en la jaula de los recuerdos. Pero para el poeta, el recuerdo del Otro es el Otro vivo, como si el Otro estuviera en el poeta aunque no viviera en su interior, como si fuera un rehén de la misma forma que el poeta es el rehén del Otro: un extraño encadenamiento que se vive como gozosa libertad. Por eso, para el poeta, el recuerdo nunca se repite, no se deja reducir a una unidad que se posee y con la que se comercia, como una moneda atesorada. De hecho, el poeta es el ser más pobre de la tierra. Epítome o faro de la pobreza, lo único que tiene, sin poseerlo, es el recuerdo del otro que coincide con el rostro del Otro, con el Otro.

Ni más ni menos, es decir, *lo más en lo menos*. Pocas alforjas lleva para sus viajes que no se miden por la distancia ni por el tiempo empleado en recorrerla, algo que no se puede asociar a un tipo de turista en concreto, como el hippy o el mochilero. Lo más en lo menos lo ve también en su camino de soldado del día, cuando un chusco de pan le sabe a manjar. Soldado o peregrino pero sin patria, señor, origen o promesa de por medio. El poeta se parece más a Abraham que a Ulises, capaz de abandonar para siempre la patria por una tierra desconocida (Levinas, 1982: 178).

La pobreza del poeta tampoco es la austeridad del puritano, que sigue prendida en esquemas de conocimiento que lo condicionan y lastran. La pobreza del poeta coincide con su desnudez. Necesita estar desnudo, libre de prejuicios, para iniciar un viaje sin billete de retorno. ¿No coincide entonces con ese ser pensante que se planta ante el otro antes de pensar, como sugiere Levinas: «Ante el otro hombre que un hombre puede sin duda abordar como presencia…, ¿es que el pensante no se ha expuesto ya –más allá de la presencia del otro, iluminada sin ambages como visible– a la desnudez sin defensas del rostro, patrimonio o miseria de lo humano? ¿No se ha expuesto ya a la miseria de la desnudez, pero también a la soledad del rostro, y, por tanto, al imperativo categórico de asumir la responsabilidad por esa miseria?» (1987: 170).

El poeta ama el vacío, aunque no como meta en la que suicidarse derramándose en el todo, como si el todo necesitara de su sagrada aportación para seguir completo. El vacío no acompaña al poeta como carencia. Su camino no es una búsqueda ansiosa por falta de un algo más o menos indefinido. Si fuera así, sería el ser más frustrado de la tierra, pero le cede ese honor al burgués que necesita «de la evasión». Y es que el poeta no es el turista acaparador de experiencias y fenómenos que se representan en mundo a los curiosos observadores para ser desvelados y aumentar el acervo del conocimiento de la humanidad o para llenar el círculo sagrado del yo en autorrealización. Al poeta, el vacío no le incomoda, y por ello lo acepta como compañero de viaje, pero no porque le permita alimentar, como si fuera un motor, el deseo de que se llene, no porque asegure un botín, sino porque le pone en contacto permanente con la raíz del ser, con su vulnerabilidad, con su desnudez. Es decir, porque le permite vivir y morir al mismo tiempo, sentir la vida y la muerte. El vacío, como abismo abierto, que se abre constantemente, como lo abierto, es considerado por Hölderlin, según Heidegger, lo sagrado mismo, de forma que nada real iría por delante de esa apertura (1983: 84).

Para el poeta el vacío es un clamor, como el que sale del estómago vacío, símbolo del hambre en el ayuno poético. El ayuno del poeta es la certeza de la incertidumbre, la asunción del hambre como hecho radical, como exterioridad implacable que abraza al ser o lo abrasa. El hambre es aquello que nunca se sacia por completo, siempre alumbra un hueco. El hambre es lo que no se deja reducir a un atributo, de una persona o de un grupo específico desfavorecido socialmente, ni a un tiempo presente, porque en cualquier momento y lugar pudo surgir y puede resurgir. El hambre es la voz que clama en el desierto del alma, allí donde el soma se desmaterializa somatizando la urgencia del Otro, la herida clamorosa del Otro. El otro cuyo clamor emanado del rostro no cesa, sin que por ello logre saturar.

El Otro, el rostro, lo que llena sin saturar, está más allá del reconocimiento y de la idealización, más allá del comercio y de la acción, en un tiempo atemporal que no es un paréntesis sino lo que queda fuera del paréntesis, fuera de la intersección, fuera del intercambio, antes de la tentación de la apropiación y la asimilación, antes de la unión estipulada en el contrato en el espacio entrañable y el riesgo de la unión radical que disuelve el yo sin preguntarse si el Otro también se ha disuelto. Por eso el poeta no es un embajador –o está destino a dejar de serlo si lo es– de unas Naciones Unidas que se planta, desnudo, ante el otro desnudo, portando una copia de la Declaración de los Derechos de los Pueblos Indígenas en cuyo preámbulo hay siete párrafos que comienzan con el verbo reconocer. El poeta no se encuentra con el Otro para llevar a cabo diligentemente un re-conocimiento del Mismo, del indígena indigente, para saber si está bien y regalarle un código.

El poeta es entonces el ser que menos conciencia tiene de sí mismo y por tanto el menos atrapado en el círculo de la conciencia, de la inmanencia, de la presencia, de la representación. Es el ser más capacitado para romper la barrera de sí mismo, la de la aceptación del ser, eso que Levinas considera como la verdadera elección, frente a la que representa el burgués que se evade en una triste y compulsiva, eterna y dolorosa tarea de elegir opciones a costa de otras opciones (Levinas, 1999: 83).

El conocimiento del mundo se realiza a través del lenguaje, el cual consiste en una adecuación del objeto a quien lo conoce» (2013: 193). En la trampa del lenguaje van cayendo los objetos y van siendo puestos a disposición del sujeto. Este, al definirlos los redefine, los reconstruye a su medida. Así, los domina. Frente a este conocimiento Levinas opone un saber pre-reflexivo que encaja bien en la actitud original del poeta. Por un lado, se sale de la «buena conciencia» cuestionándose a sí mismo, lo que le obliga a salir de sí, a realizar un acto de conocimiento antinatural, rupturista: «Ponerse en cuestión…, erosiona la sólida roca sobre la cual descansa la conciencia y la arroja al Otro, cuyo peso soporta ella entonces» (2013: 192). Por otro lado, las reflexiones sobre el mundo que le rodean no se consolidan en piezas o estratos acumulables que le dan seguridad. Si encuentra una respuesta a algo, al instante siguiente, o mañana, volverá a hacerse la misma pregunta, como si se hubiera olvidado de «lo ganado», o como si lo ganado, en el caso de no ser ignorado, no garantizara un avance en el dolor de la desazón, en el enfrentamiento permanente y vulnerable –desnudo– con el mundo desconocido. En ese sentido, la pre-reflexividad es una actitud primitiva o infantil, cuya ingenuidad deja descubierto al ser y lo encara sin cobardía con la vida del mundo –más que con el mundo de la vida–. Es así como la poesía, tal y como aparece reflejada en los textos paradigmáticos de Hölderlin según Heidegger, puede verse como «la más inocente de las ocupaciones»: parece un juego pero no lo es (1983: 64). La valentía del poeta se reflejará en su ánimo elevado. Ánimo como ánima o alma (Gemüt), cuya idéntica raíz remiten a la voz *muot*, de forma que su posesión «nos expone a la profundidad íntima del equilibrio (Gleichmut) y de la pobreza (Armut), de la suavidad (Sanftmut) y de la nobleza de ánimo (Edelmut), de la magnanimidad (Grossmut) y de la longanimidad (Longmut)» (1983: 137).

El saber pre-reflexivo evita el conocimiento dominante que socializa en el ejercicio del poder. Implica el hecho fundamental de la renuncia a doblegar las contradicciones en una síntesis tranquilizadora. Pero eso no autoriza al poeta a usar el relativismo como excusa moral. El verdadero poeta sufre la contradicción, no la celebra, aunque en ocasiones necesite de la ironía o el humor para soportar su peso. El saber pre-reflexivo no significa que el poeta busque, sin embargo, en lo más profundo de su memoria o en su genética, en una especie de regresión al periodo mágico de su gestación, la clave de todo. Uno no posee en su interior los códigos para descifrar el mundo como pretende el método mayéutico. Si el poeta puede romper consigo mismo solo puede ser porque no se considera atado a un hilo o cordón umbilical que lo mantiene con vida, es decir, que le proporciona la única identidad posible, canal que lo retroalimenta eternamente, lanzadera que le permite excursionarse en el vacío del cosmos con seguridad. El acto poético no es un acto entre pudoroso y obsceno en el que el orgullo se torna patético con el despliegue del infinito intestino del poeta, que no acaba nunca de digerir el mundo.

2
Educar en la responsabilidad ante el Otro

Primer paso: fuera de la mayéutica

Traemos a colación la poesía como derecho humano, como arte del matiz, como modo de pensamiento pre-cognitivo aprovechable para una educación que prepare el terreno para un mundo mejor, para un cambio en este siglo que impulse el humanismo del Otro. La responsabilidad ética, el pensamiento poético como paradigma, no sale de la mano partera del estro universal que suave y maravillosamente, como si de un juego divino se tratara, reproduce las mismas ideas con palabras diferentes, gracias a la recursividad del lenguaje-conocimiento, estirándolas eternamente gracias a su (re)flexividad, hasta provocar la sensación de vivir en un mundo-salón lleno de bellas guirnaldas. La mayéutica deriva en soledad, observa Levinas (2013: 114). En tal caso, el saber poético lidia con esa soledad de forma que acaba por romperla del mismo modo que puede romper el cerco sagrado del sí mismo. Siendo el rehén del otro y siendo el otro su rehén, la soledad del poeta es relativa, mucho más de lo que pretende el mito.

Ahora bien, la mayéutica no es solo un concepto más que se puede estudiar en los manuales de filosofía y con el que se puede discrepar en debates especulativos.

Es también una «filosofía» de la educación que ha dado lugar a una de las dos grandes corrientes de la enseñanza moderna, a partir del siglo XIX. Desde Platón a Pestalozzi, pasando por Rousseau o Kant, informa una manera de entender la educación como un proceso de dentro-afuera, inter-psicológico, consistente en desarrollar naturalmente las potencialidades que encierra cada alumno. Educación «liberadora» o escuela de formación del carácter, camina mano a mano con esa otra concepción opuesta que es la educación para el trabajo, un proceso de fuera-adentro en el que se «reprimen» en vez de mimarse, las fuerzas del discente. Dos paradigmas aparentemente opuestos que no lo son tanto (Lerena, 1985: 58). Ambos deben retroalimentarse para poder existir.

El modelo mayéutico es el cómplice perfecto para la formación de las desigualdades sociales a través de la educación. A través de las minorías que forme, justificará la corriente masiva mayoritaria. De su seno surgirá una pequeña pero exquisita camada de intelectuales que, habiendo evitado el contacto con los sistemas pedagógicos mecánicos y con el contacto burdo del tiempo libre escolar, podrán inspirar los preámbulos de las solemnes declaraciones y leyes nacionales e internacionales sobre la educación y los derechos humanos. Se trata de los representantes más genuinos del humanismo, y se entiende que su misión debe ser acorde con su formación: puesto que han permanecido aislados y han logrado no contaminarse con las ingratas necesidades materiales del mundo de la producción, su *misión* debe seguir conectada con los grandes discursos, aquellos que funcionan como faro de la utopía y que suelen estar desconectados de la dura realidad. Los mayéuticos son seres humanos privilegiados, seres dotados de un idealismo y optimismo por naturaleza que necesita el resto de la humanidad como referente santificado, para seguir alimentando el sueño de que un día, sus esforzados y sufrientes hijos, se parezcan a ellos. Su existencia es vital porque demuestran que es posible lograr frutos familiares tan dignos. Ellos son la encarnación del ideal. Solo una lectura ideológica podría desenmascarar la base de tal pensamiento, la contradicción inaceptable desde el punto de vista de los derechos humanos que supone su aceptación: la reproducción social de la desigualdad en una minoría de privilegiados llamados al cielo de la educación y una mayoría que tiene que pasar por el infierno de la escuela de masas, engendro de la era industrial.

Aún existe una segunda hornada de mayeúticos, como los que salen de los experimentos nacidos del esnobismo burgués y relacionados con el psicoanálisis o el socialismo utópico. Fuera de la relación de la escolarización en casa –*homeschooling*–, con padres o preceptores extraordinariamente cultos que aseguran la transmisión de los mejores genes culturales, educados en pequeños grupos de niños en espacios educativos extraordinarios, en donde no hay prácticamente normas ni deberes, tales pupilos aparentemente privilegiados, saldrán con una formación mínima que les capacitará como excelentes y sumisos ocupantes de modestos trabajos, convencidos de que su felicidad se basa en la sabia decisión de no competir con la corriente mayoritaria por entrar en las mejores universidades y lograr prestigiosos y bien pagados empleos. De esta forma, los distinguidos seres mayéuticos no pueden evitar distinguirse a su vez entre sí, pese a compartir la creencia de sentirse, en conjunto, seres privilegiados. Los mayéuticos de primera categoría aman al Otro porque no lo han conocido sino indirectamente, a través del conocimiento, del estudio que lo convierte en objeto. Por su parte, los mayéuticos de segunda categoría, aman al género humano porque lo compadecen. Para los primeros, el Otro es una pieza de arcilla que deben modelar durante muchas generaciones a su imagen y semejanza. Para los primeros, es un pobre vecino que vive equivocado, esclavizado en una cueva llena de sombras. De acuerdo con en el mito de la caverna de Platón, pieza clave del modelo educativo mayéutico, deberán armarse de paciencia y hacer una labor lenta de adoctrinamiento en los intersticios de la vida cotidiana, haciéndoles conscientes de su ignorancia, llevarlos por el camino recto, conducirles hacia los verdaderos y luminosos valores que ellos encarnan y que conocen por su pasado esotérico. Su educación fue exactamente eso: un proceso de esoterismo, y en eso se basa su ideología, frente al exoterismo ruinoso de la enseñanza que sufrió el Otro. De este tesoro también se muestra orgulloso el primer grupo. Su conciencia de privilegiados forma parte de una ideología compartida en la que la exterioridad es mala y la interioridad es buena, por principio. La dirección del proceso no altera el resultado: siempre tenemos un trasvase, sea de dentro-afuera o de fuera-adentro, dos formas que compiten por exhibir el mayor cúmulo de conocimientos dominador del mundo.

Con estas consideraciones mostramos hasta qué punto el método mayéutico resulta incompatible con la *enseñanza* que se deriva del proyecto ético de Levinas, al tiempo que resulta compatible con el saber poético.

Segundo paso: encarar el *HAMBRE*

De acuerdo con Levinas, la presencia del Otro, representada simbólicamente en el rostro, supone la no-violencia por excelencia, frente a la opinión, la autoridad o lo sobrenatural (1993: 216). En parte podemos simplificar y reducir las tres en la primera, la opinión, si tenemos en cuenta el contexto cultural de las sociedades actuales, al estar definidas tanto por la democracia como por la secularización y desacralización cultural en diferentes grados. Así pues, habría que enseñar a distinguir las cosas de las opiniones para evitar penas, un aprendizaje filosófico o general que, supuestamente, debería abordarse en la escuela, sin dejarlo en manos de las familias, los medios u otras instancias de socialización no entrenadas precisamente en esa separación.

Si el rostro es la máxima expresión de la resistencia, en el decir de Levinas, es de suponer que el de los alumnos se resista también a convertirse en un indicador, en parte de proceso de homogeneización, puesto que su presencia y proximidad reclama la acogida (Jaramillo y otros, 2018).

La escuela no sería solo un contexto privilegiado para la presentación del Otro a través del rostro, por su composición física de personas puestas cara a cara, sino también un contexto especialmente adecuado para llevar a cabo el proceso de experimentación de la no violencia a través del descarte de la intransigencia resumida en la opinión, en la palabra que incita a la violencia. Es más, este aprendizaje, a través de la enseñanza formal, deviene más necesario que nunca en nuestro contexto social actual, dado que la opinión se ha convertido no ya en una virtud ciudadana ante el ágora, como en la antigüedad, sino en una profesión manipuladora. Aparecen los doxósofos, sabios aparentes especializados en apariencias, como observaba Bourdieu (2011: 89). Nos rodean estos interpretadores de sondeos y estos *influencers* que se nutren de informaciones superficiales en las tertulias mediáticas de opiniones que se imponen, al tiempo que nos obligan indirectamente a opinar sin estar preparados o sin estar concienciados del interés del tema.

En todo caso, la distribución de los recursos culturales condiciona la posibilidad de ejercer la expresión de un punto de vista reflexionado como discurso, como *doxazein*. Esta desigualdad refuerza la exposición a la violencia simbólica. Parece lógico que la educación debería reducir los efectos de esa injusticia y de esa violencia, sobre todo si concordamos con el Objetivo de Desarrollo Sostenible número 16 de las Naciones Unidas que busca promover sociedades justas, pacíficas e inclusivas.

La presencia del Otro se expresa en el rostro que impone la responsabilidad ineludible, en base a la bondad previa. Ahora bien, la bondad es la otra cara del hambre, de la desnudez hambrienta con la que nacemos. El «hambre» entendida como señal de la vulnerabilidad, debería captar la atención del docente remitiéndole a considerar al estudiante como el Otro, en el sentido que le da Levinas, como un ser completo y enigmático, y no al revés, como ocurre en general, como un ser incompleto, a juzgar por su falta de ciertos conocimientos, y muy predecible, por infantil o inmaduro, a juzgar de comportamientos previsibles según los manuales de conducta de su edad. Resulta por lo tanto lógico ver algunos intentos de salida de la «crisis pedagógica» en la que nos encontraríamos desde hace tiempo, inspirándose en la obra de Levinas y recalcando este punto en concreto, a saber: que la actitud ética del educador «es su disponibilidad incondicionada a que el otro sea *otro*» (Mínguez Vallejos, 2010: 22).

Si queremos convertir las relaciones sociales de la educación en una relación ética como la que propone Levinas, para lograr el objetivo de un mayor humanismo altruista, el docente no puede considerar al discente como un recipiente vacío, ni como un ser dominable, ni como una persona que le debe ser relativamente indiferente. Hemos visto la complejidad del mandato «no matarás», sus múltiples aristas. «Hay mil formas de matar al otro, no sólo con un revólver –observa–; se mata al otro siendo indiferente» (2008: 22). Ignorar al otro, marginarlo, hacerle el vacío en la escuela tiene consecuencias graves. En el caso de los pares, genera la exclusión social como modalidad de acoso escolar (Olweus, 1998: 26). En el caso de los profesores, la ignorancia hacia los problemas de los alumnos, siempre relativa, puede convertirse en cómplice del maltrato, de ahí las denuncias públicas hechas por algunas asociaciones que luchan contra el problema. Los centros educativos tenderían en general a minusvalorar o incluso ocultar el problema[11].

---

[11] http: //www.eldiario.es/norte/cantabria/sociedad/centros-escolares-bullying-quedar–evidencia_0_708679969.html

La relación problemática entre responsabilidad y libertad tiene un claro impacto en la educación. Si «no matarás» es más un llamado que un mandato que resume el hecho moral, debemos entender todas las derivaciones que arrastra, y entre ellas, el «no suspenderás», en el ámbito escolar. Una reiteración constante de suspensos lleva al fracaso escolar que equivale, simbólicamente, a una pena de muerte social en muchos casos, es decir, a una sentencia a mercados de trabajo poco protegidos, a zonas vulnerables y excluyentes del espacio social. Es decir, que la relación pedagógica tendría que dirigir al reconocimiento de la autoridad del profesor a través de un proceso de preocupación, de investigación como curiosidad epistemológica hacia el mundo, pero en primer lugar hacia el alumno, de generosidad y de afecto. Es ahí donde tomaría cuerpo la libertad del docente, como diaria, desafiante e incierta aventura, que se juega en el terreno verdaderamente pedagógico de la improvisación ante la presentación del rostro del Otro encarnada en el alumno. Y no en la falsa opción por metodologías didácticas supuestamente objetivas que buscan la clasificación y distribución de los alumnos en estatus socioescolares competidores que dirigen al éxito o al fracaso, a la condena inevitable de algunos por lo tanto y la activación consiguiente de la voz de la conciencia y del complejo de culpa por haber alterado el «orden» previo y básico de la bondad en la argumentación de Levinas.

«Reconocer al Otro es reconocer su hambre», observa Levinas, (2002: 90). La palabra hambre viene igualmente acompañada de la palabra miseria o indigencia, señalando la puerta de la metáfora a la literalidad. En el siglo XXI, la Gran Recesión primero y luego la pandemia de COVID-19 las zonas de exclusión y vulnerabilidad social han aumentado.

El hambre se ve en varios niveles y problemas sociales, desde los hogares de países europeos como España que necesitan recurrir a los bancos de alimentación –durante el confinamiento de los primeros meses de 2020 el número de personas atendidas pasa de 700.000 a 1.700.000–, a los millones de desplazados por causas forzadas, o a las regiones más o menos endémicas de África, Asia y América, causando millones de muertes. Según el informe de la FAO, *El estado de la seguridad alimentaria y la nutrición en el mundo*, de 2019, la tendencia positiva de la curva de subalimentación iniciada al comenzar este siglo se ha visto truncada a partir de 2015. De esta forma, el segundo Objetivo de Desarrollo Sostenible de llegar a una situación de hambre cero en el año 2030 se ha visto comprometido por el doble golpe de la crisis económica de 2008 y la pandemia por COVID-19. Con las estimaciones actuales, en 2030 habrá más de 800 millones de persona afectadas por el hambre.

En España, el 21% de los hogares con menores vive situaciones de exclusión, según el Informe FOESSA de 2019. De acuerdo con los datos manejados *por Save the Children*, la pobreza infantil puede aumentar hasta el 33% en 2020, lo que supondría la tercera tasa más alta de Europa, tras Rumanía y Bulgaria, con más de dos millones de niños en dicha situación. Hace unos años, el sociólogo Jean Ziegler, escribía en su libro El problema del hambre explicado a mi hijo: «No sé de ningún colegio donde el tema de la hambruna, que cada día mata más gente que todas las guerras juntas del planeta, figure en su programa» (2010: 53). Incluso cuando el protagonista es otro fenómeno, como en el caso de la pandemia, es la necesidad de comer la que altera las precauciones necesarias para librarse de la enfermedad. El enfermo con problemas económicos tiene problemas en muchas partes del mundo para adquirir medicinas y ser atendido de forma hospitalaria. Los pobres tienen más probabilidades de morir contagiados, como de ser en general «víctimas colaterales» de las catástrofes (Bauman, 2011)–. La obra de Levinas ha inspirado propuestas de intervención social en contextos de pobreza desde la «filosofía del encuentro», como forma luchar contra el asistencialismo, respetando las posibilidades de la subjetividad y no desde la perspectiva clásica ilustrada etnocéntrica y paternalista (Castro y Gutiérrez, 2017).

Levinas parte de la base de que la penuria no es solo un problema político o económico sino moral (1997: 78). El hambre puede considerarse por lo tanto como un término básico en la exclusión, como el ejemplo por excelencia en el que estudiar la vulnerabilidad, una de sus extensiones más notables y más profundamente conectadas con el pensamiento de Levinas sería el problema de los desplazados forzosos. En las últimas décadas, su número ha ido creciendo. Según datos de ACNUR, a finales de 2019 había en el mundo 79,5 millones de personas desplazadas a la fuerza, de las cuales, casi 26 son refugiados. En un mundo global, en la sociedad red, la posibilidad del éxodo aumenta, suscitando un negocio cada vez más relevante para algunas mafias internacionales. La tecnología relacionada con la información y la comunicación, unida a las posibilidades del transporte, permite mover y gestionar grupos de personas de forma ilegal. Los campos de refugiados representan un nuevo concepto de campos de concentración, donde la persona experimenta en diversos grados las penalidades que acompañan a la identidad de la figura del prisionero. La errancia, el hambre literal, o simbólicamente asociada a diversos tipos de sufrimiento y falta de derechos, conectan con la figura mítica del pueblo hebreo que Levinas toma como metáfora de la condición de extranjería del Otro. Él mismo se tomaba como un ejemplo personificado de ese pueblo en el éxodo que a su vez representaba la base que justificaba el protagonismo de la ética (Duque, 2010: 23). Pero en ese caso, casi un siglo después, podríamos verlo encarnado en la figura del desplazado forzoso y del refugiado, toda vez que se trata de uno de los fenómenos sociales más excluyentes de nuestra época.

La consideración del problema del hambre, de los refugiados y de la enfermedad –el enfermo es finalmente otra variante de la figura del Otro, tan estigmatizada como las demás–, en la escuela sería necesaria para lograr una educación que buscara una ciudadanía consciente y crítica. No puede haber solidaridad sin altruismo, que es lo ético para Levinas (García González, 2001: 66). Todo ello forma parte de los Derechos Humanos. El mensaje central sobre el que gira la obra de Levinas, la solicitud del Otro, se traduce en la construcción de la figura de los «*Derechos del otro humano*, que sitúa el sentido originario de estos a través del acento en la perspectiva del deber singular y la obligación personal por el otro ser humano» (Barraca Mairal, 2018: 87).

Bordeando el primer cuarto del siglo XXI, debe insistirse en la imperiosa necesidad de aumentar la consideración de los Derechos Humanos en la educación obligatoria y no obligatoria, transversalizándola, dotándola de recursos didácticos que consigan dejar huella, e incorporando, por qué no, la poesía como una nueva forma de pensamiento, tal y como vimos en el capítulo anterior. Tal cosa no es una excentricidad. Conviene recordar aquí las palabras de Roland Barthes: «la poesía es la práctica de la sutileza en un mundo bárbaro… debería formar parte de los *Derechos del Hombre*» (Barthes, 2005: 88).

Sin una educación que refuerce estos aspectos no parece haber forma de salir del atolladero, ni se puede calibrar cómo, a estas alturas de la historia, no se ha logrado acabar con la indigencia y con la violencia que la alimenta. Observaba Levinas que ante ante el hambre la responsabilidad es irrecusable, «objetivamente» (TI,: 214). Pero podemos matizar y hablar de grados de objetividad. Más grave es ahora que hace cien años puesto que menos excusas tenemos tras haber logrado reducir las tasas de mortalidad y el número de víctimas en los conflictos bélicos (Pinker, 212, Harari, 2017).

Pero demos un paso más. Pensemos ahora en la didáctica del hambre, de la pobreza, de la exclusión y vulnerabilidad sociales. ¿Tiene el mismo grado de impacto en la conciencia el método virtual que el presencial? Una excursión a una remota africana para convivir con los voluntarios de una ONG calaría probablemente más que cualquier otro tipo de experiencia pedagógica. En su defecto, visitas a personas con cierto grado de vulnerabilidad asociada a carencias que dan lugar a situaciones excluyentes. En su defecto, dramatizaciones, exposiciones en grupo, cine-fórum, debates y clases magistrales cortas, claras, con ejemplos cercanos e impactantes, son ejemplos que no pueden encontrar parangón en la enseñanza virtual e individualizada. No se trata únicamente de la fuerza o la magia de la presencia sino de la fuerza o la magia del grupo. La toma de conciencia, cuando se produce de forma grupal activa las emociones en un nivel mucho mayor. Permite el aplauso, el abrazo y la lágrima más o menos contenida. El efecto en la conciencia es por lo tanto mayor.

Es necesaria una ruptura en la estrategia didáctica para superar la barrera de la conciencia que permita acceder a la presencia del Otro. Cuantas más noticias sobre atentados a los derechos humanos vemos en la televisión más nos acostumbramos a ellas, más normales nos parecen. El sufrimiento del Otro deja de conmovernos al hacerse familiar e inevitable (Tester, 1997: 30). Esa así como se va configurando la cultura moral de la indiferencia. Ahora bien, el consumo de imágenes en los hogares sigue la misma lógica que el aprendizaje escolar. En la escuela, las lecciones sobre derechos humanos tienen el mismo valor que cualquier contenido, destinado a ser sufrido como un quehacer más de asimilación más o menos tedioso. La carga trágica desaparece de la misma forma que en el caso de la pantalla. La llamada del Otro se pierde. El rostro del Otro, orografía donde se percibe la vulnerabilidad, se difumina. La única forma de recuperarla es externalizando la lección, sacarla del *locus* al que se asocia la educación como conocimiento. Si Levinas insiste en la importancia de la exterioridad, una didáctica que visara la recuperación de la responsabilidad moral y el protagonismo del Otro frente al del sujeto discente, tendría que imaginar fórmulas de abrir las puertas de los centros educativos a la comunidad.

Si para Levinas la ética es lo primero, y se define por un *cara a cara*, surge lógicamente la cuestión de si puede darse igualmente a través de la pantalla y si lo virtual no obstaculiza el resto de las características que la acompañan. Acabamos de responder en parte a esta cuestión al mencionar el entumecimiento de la compasión ante los noticiarios programas de actualidad que surgen de la televisión y de las pantallas en general como tecnologías de información. A ello habría que añadir la posibilidad de desconexión. Cuando nos cansamos o saturamos de ver «lo mal que está el mundo», podemos sencillamente desconectar. Si el rostro expresa la alteridad, esta queda desvirtuada, por definición, en la realidad virtual, sometida a interferencias, interrumpida, maquillada, descontextualizada, limitada en su expresión, empequeñecida en su resolución, desprendida de su aura o energía.

Tercer paso: vigilar las tecnologías

Heidegger dejó constancia, al filo de la década de la década prodigiosa de 1960, de los riesgos del cambio de estilo de vida ante la aparición de la técnica en su ensayo Serenidad (*Gelassenheit*) (2002). Algunos autores creen que se puede seguir hablando de serenidad en el sentido crítico heideggeriano como actitud ante la técnica contemporánea (Chillón, 2019: 17-18). Ciertamente, ya no estamos en condiciones de plantear el debate como hace casi un siglo, en términos de oposición total. Vivimos en la técnica como vivimos en la globalización, para bien y para mal. Pero sí que podemos calibrar una solución equilibrada y educar en ella. Una educación basada en la constante interrogación sobre el uso de las nuevas tecnologías y en la necesidad de ponerles límites.

El desquiciamiento de la técnica, y su consiguiente deslinde del *homo faber*, remite en el maestro de Levinas, a una recuperación de los valores de la vida rural tradicional que hoy comprendemos bien y que no tienen por qué ser arrastrados por ideologías políticas que mitifican la patria y la raza entregándose a los rituales del neopaganismo. Si para Levinas la ética destrona en la segunda mitad del siglo xx a la filosofía, también Heidegger expresa el fin de la misma como forma de pensar occidental con el naufragio social en el mar del nihilismo. Pero es a partir del último tramo de esa centuria cuando se comienzan a ver más claramente las pruebas y las consecuencias sociales, algo que se presta a la observación inicial de Heidegger, pero sobre todo, por cuestión de generación, a la de Levinas y finalmente la de Bauman. Que la ética supone un cambio de visión del mundo necesaria para salvar el planeta es algo que oímos todos los días en las tertulias, por parte de profesionales, periodistas y políticos, sumando el sustantivo «regeneración» y convirtiendo el término ética en adjetivo. Ahora bien, ¿cómo lograrlo? Si en Levinas la ética se encuentra en las relaciones cara a cara, entonces es bastante evidente que hay que recuperar los tonos comunitarios en el estilo de vida. Si Heidegger pintaba a los primeros aparatos de televisión como expendedores de mundos falsos, lejanos y alienantes, cabe preguntarse cómo pintaría los nuevos canales a la carta, las TIC y la realidad virtual.

El éxodo rural ha continuado sin cesar durante todo ese tiempo y ha dado en vaciar los núcleos rurales hasta provocar la noticia del espanto ante la imagen de abandono. Hoy en día, desde los gestores públicos a las fundaciones privadas, especialmente entre los investigadores universitarios, inspirados todos por los mandatos de los organismos internacionales que aspiran a reequilibrar el planeta, se buscan fórmulas para revitalizar las zonas rurales. Pero no solo como contexto, sino como archivo de historia oral, con sus protagonistas mayores, tan olvidados hoy como el campo y sus oficios. Tal movimiento no puede ser acusado de simple nostalgia ni está asociado a misticismos sino a proyectos científicos interdisciplinares. El objetivo no es fácil, sobre todo si partimos de que una revitalización de las viejas estructuras debería mostrar claras diferencias con las tradicionales.

La tradición no es el enemigo a batir, como podían pensar algunos ilustrados. Pero no todas son recuperables ni lo son en su totalidad, puesto que deben estar filtradas por el tamiz de los derechos fundamentales. Sociólogos como Giddens se han preocupado por razonar respecto a la tradición de forma equilibrada, alejada de la *tradición acorralada* (2010: 61). Lo mismo ocurre con Bauman, consciente de las *deficiencias de la comunidad* (1994: 30). En todos los casos, el intento favorece un tipo de relación personal, cara a cara, que otorga a la presencia un protagonismo más claro que el que tiene en las relaciones, esporádicas y anónimas de la gran ciudad. ¿Qué aporta la digitalización a la aldea global? Una vuelta de tuerca más en la despersonalización. En los últimos años, procesos como la gentrificación indican la deriva de la organización social y espacial de ciudades y megaciudades que se van incorporando, por simple superposición, la cibernética, como comodidad y como seguridad de sus habitantes, en un plano claramente desigual.

Algunas de las megaciudades se van pareciendo cada vez más a las distopías imaginadas por la ciencia ficción como *Blade Runner*, la famosa película de Ridley Scott de 1982. La soledad del prototipo social posmoderno puede llegar a tal extremo que el Otro ya no necesita del espejo del rostro de otra persona sino que es encarnado por el Mismo. El individuo ya no se confronta con el otro, sino consigo mismo, observaba Baudrillard, añadiendo que es la sociedad toda la que en nuestro tiempo tiende a neutralizar la alteridad, destruyendo al Otro como referencia natural (2001: 132). Es interesante que este sociólogo francés sugiera como ejemplo la «efusión aséptica de la comunicación» y la «efusión interactiva», ambas caracterizadoras no solo de la digitalización de la vida social sino también, y en especial, de la época de confinamiento debido a la pandemia, que busca y refuerza, por su propio lado, la asepsia en las relaciones. Esta pasa por la alteración de las relación típicas del cara a cara, simbólicamente bloqueada por la mascarilla de uso obligatorio.

La alienación lleva a experimentar en primera persona la alteridad, provocando la proliferación de problemas en el área de la salud mental. El problema no tiene que ver solo con la identidad, sino con los derechos humanos. Lo que quiere decir que está implicado el aspecto ético de la responsabilidad y de la libertad. El Otro, o es un fantasma incorporado como doble o triple personalidad, o es una sombra en un callejón que llama a mi puerta y me atemoriza.

El Otro, en ese segundo sentido, al ser contemplado como sombra, no tiene rostro, o su rostro es solo reconocido por los sensores que buscan sospechosos. Cuando alguien desconocido te interpela en la calle, no solo no le ofrecemos el beneficio de la duda para escucharlo, no solo actuamos con la desconfianza como primer arma defensiva, sino que forma parte de nuestra reacción instintiva en la selva de la ciberciudad el esquivar la mirada, el no mirar a la cara. De este modo, el Otro queda despojado de rostro, eliminando así de raíz la posibilidad de las relaciones cara a cara, y por tanto nuestra responsabilidad para con su «hambre», sus necesidades. En cuanto a la libertad, es obvio que la obsesión por la seguridad nos lleva a autolimitarla y dejar las funciones encomendadas al rostro a los aparatos electrónicos. Para estos, el rostro es un mapa a procesar con objetivos específicos. Un conjunto de variables que puede ser analizado matemáticamente para lograr un diagnóstico preestablecido. Pura mecánica. Ni que decir que tiene, limpio de reminiscencias poéticas, de la totalidad, del infinito, de evocaciones, de conciencia.

Debemos tener en cuenta la medicalización tecnocratizada de nuestras sociedades, asociada al avance de la llamada filosofía del transhumanismo. El ritmo de la evolución natural de la especie humana puede ser alterado profundamente por la tecnología de la especie. Transformaciones anatómicas, hormonales o genéticas con objetivos específicos de lograr ciertas cualidades o apariencias y en último termino con el fin de agrandar la esperanza de vida y de elevarla hasta la inmortalidad (Diéguez, 2017; Maldonado, 2019, Klymenco, 2019, Ross, 2020). En este caso se hace patente la brecha entre el bienestar del individuo y el de los demás. Este último solo se admite como un mínimo necesario para el funcionamiento del sistema que permite el primero. Parece claro que ese mínimo permitiría no solo niveles de exclusión social como los actuales sino mayores, puesto que podrían estar determinados por categorías genéticas cuya comparación correría la tentación de la supremacía.

La virtualización supone cierta *desanimalización* que puede interpretarse como una vuelta de tuerca más en los procesos de civilización y domesticación del cuerpo durante la modernidad (Elias, 1993). A la racionalización, socialización y privatización, se añadiría su desmaterialización en el nuevo espacio virtual. Los consabidos efectos en torno a la pérdida de espontaneidad y del placer por tal domesticación, aumentarían. La relación virtual autónoma no es posible entre los animales. En la medida en que las relaciones virtuales crezcan a costa de las presenciales, puede aumentar la exclusión del mundo animal. Algunos autores han señalado que, si bien el propio Levinas no era muy partidario de otorgar a los animales no humano el mismo tipo de consideración moral, por otra parte hay sobradas razones para considerar su sistema de pensamiento compatible con la tendencia actual de mejorar el estatus moral de dichos animales, toda vez que se logra el consenso sobre su capacidad de sufrir y de expresar emociones Atterton (2011).

La educación on-line puede paliar determinadas bolsas de analfabetismo en lugares asilados y con pocos recursos, como mal menor, pero en términos generales su principal ventaja es la comodidad. Por si sola, no transforma la estructura del sistema ni garantiza una mayor democratización (Fernández Enguita, 2017: 410). Es más, en muchos casos aumenta la tendencia a las desigualdades educativas y por tanto sociales. La consabida brecha digital no se limita a la posesión de infraestructuras y equipos. En los países en los que el acceso a Internet es casi completo, como España, encontramos importantes diferencias en la formación tecnológica de las familias, así como en las actitudes. A ello habría que añadir la disponibilidad de espacios para estudiar en el hogar, no solo mínimamente confortables –lo que incluye algo tan básico como una temperatura adecuada, de la que no disponen los hogares que padecen pobreza energética–, sino seguros –protegidos de la violencia doméstica–. Hay que recordar aquí que miles de niños españoles solo tienen acceso a una comida caliente al día cuando van al colegio.

LA MISIÓN ÉTICA DE LA UNIVERSIDAD. LOS RIESGOS DEL EFICIENTISMO, LA PRIVATIZACIÓN Y LA DIGITALIZACIÓN

La imposición entrevista por Heidegger del pensar calculador sobre el meditativo parece comprobarse y aumentar en lo que llevamos de siglo XXI, al menos en el ámbito de la enseñanza. Desde hace algunos años, el debate sobre la universidad se polariza entre cierto modelo humanístico y un cierto modelo tecnoburocrático:

impulsar la crítica y los movimientos sociales o aportar patentes y protocolos de actuación para resolver los problemas sociales; personalización o anonimato, ritualismo y lazos comunitarios, o credencialismo y puro interés laboral.

Las universidades parecen haberse convertido en empresas burocráticas autónomas, dejando así de lado sus viejas señas de identidad culturales (Readings, 1997). Aspiran a vender los productos de su investigación en el mercado científico-tecnológico. La relación de los planes de estudios con las empresas, en el curriculum, en las prácticas, y en las modalidades de semi-presencialidad y cofinanciación, no cuentan de antemano con un protocolo ético para su aprobación que vigile su compromiso con los Objetivos de Desarrollo Sostenible. Todo lo que hay en la universidad se traduce en un ítem que tiene que caber en los balances contables. La reacción de los intelectuales críticos es contundente, a juzgar por los títulos como *La universidad en ruinas*, del recién citado Readings, o *Adiós a la universidad. El eclipse de las Humanidades*, del catedrático Jordi Llovet (2011). Este último pone de manifiesto las consecuencias negativas de la apertura europea del espacio educativo. Con el cambio de siglo, lo que se conoce como como Plan o Declaración de Bolonia, obligaba a los estudiantes menos pudientes a serlo a tiempo completo, sin un paraguas de becas que lo compensara. Conviene recordar en este punto los antecedentes históricos por el «viejo liberalismo progresivo y a la última», estudiado por Carlos Lerena en *Escuela, ideología y clases sociales en España* (1991).

La democratización de la Universidad española, su apertura a las posiciones sociales más bajas, se produce en la década de 1980. Sin embargo, las desigualdades que arrastra desde sus inicios se mantienen con el paso del tiempo. Los estudiantes de origen obrero, los pertenecientes a la etnia gitana o los procedentes de la burguesía tradicional están menos representados que los que proceden de las nuevas clases medias. Del mismo modo, las mujeres siguen optando en su mayoría por carreras que conllevan menos ingresos y prestigio. Con la crisis económica, las políticas restrictivas de becas, por dotación preseupuestaria, por exigencias, por gestión retardada, abren nuevas brechas excluyentes, al incitar por ejemplo a los estudiantes de orígenes sociales más modestos a optar por carreras más cerca de casa o más «fáciles» (Langa y Río, 2013: 91).

Resultan curiosas las conexiones que establece el lenguaje entre concepciones opuestas de la educación moderna. Cualquiera diría que la educación que Paulo Freire calificó de *bancaria* encuentra su continuidad en el sistema de *créditos* por el que apuesta Europa a partir de los planes de Bolonia con el inicio del nuevo siglo. La verdadera educación es reflexión con vistas a la acción transformadora (Freire, 1973: 90). Pero el sistema educativo limita la acción de los estudiantes a la recepción pasiva de «depósitos» que acumulan para reproducir en exposiciones y exámenes (Freire, 1988: 76). El profesor deposita conocimientos fragmentados en la sala de aula para que el estudiante lo imite de forma más o menos inexacta. Tales depósitos –en realidad deposiciones– se cambian posteriormente en las secretarías de los centros por créditos acumulables. La solvencia crediticia de los estudiantes es usada como señal por los empleadores o las agencias públicas a la hora de conceder trabajos o un lugar en la cola del empleo. Bien entendido que la igualdad de oportunidades para lograrlos es puramente teórica. No vale lo mismo un crédito de ingeniería que un crédito de enfermería. Es posible que el empleador te cambie a mejor precio el crédito Erasmus, pero para conseguirlo de forma eficiente y cómoda deberás disponer de una familia o red de apoyo que pague tus estudios en el extranjero, igual que sucede con el aprendizaje de los idiomas y los contactos e información del mercado de trabajo en la aldea global. Es así como el sistema social se reproduce a través de la cultura, como se hereda indirectamente la posición social en las sociedades meritocráticas. Quienes mejores depósitos heredan en el banco de la cultura y la educación, más crédito obtendrán del banco del trabajo y del estatus social.

Podrá pensarse que la universidad pública comparte la responsabilidad de servicio con cualesquiera instituciones públicas. Pero no es así. A diferencia de todas las demás, soporta un plus de exigencia dado que su función fundamental es la reflexión crítica. Lo cual le impele a ejercitar una vigilancia epistemológica sobre las ideologías de moda en materia de gestión. Uno de los aspectos más destacados del neoliberalismo a partir de la crisis abierta en 2008, es la gerencia postpolítica de los servicios públicos (Alonso Benito, 2011: 7). La *Gobernance* como penúltimo disfraz del liberalismo inmoderado, a veces acompañado con el canto de sirena del Tercer Sector –que parte de la presunción de la equivalencia de lo público y lo privado como polos opuestos–, puede calar en el modelo de gestión universitaria y dejarse llevar por facilitar alianzas entre organismos públicos y empresas como si se tratara de actores en pie de igualdad, buscando la *empresarialización* de la oferta.

Tal lógica puede inmiscuirse insensiblemente en medidas de política académica cotidianas, desde las prácticas curriculares o extracurriculares –con su concepción particular del trabajo–, hasta las estrategias de participación social con las instituciones y organizaciones presentes en el entorno de la universidad en cuestión, pasando por la oferta compulsiva y variopinta de créditos en paquetes intensivos de cursos, seminarios o talleres, cuyo única similitud y sentido es reforzar una relación puramente mercantilista en la se sobreentiende que los alumnos conseguirán aumentar los créditos necesarios para lograr su título pagando un extra que compensa porque la evaluación será más laxa. A cambio, eso sí, tendrán que soportar sesiones de hasta ocho horas en un día con el fin de que los profesores invitados puedan cobrar a su vez un extra como incentivo para su participación.

En el caso de España, las universidades calificadas como de «alto desempeño» –Politécnica de Valencia, Pompeu Fabra, Autónomas de Madrid y Barcelona–, se caracterizan por un cambio en la cultura organizacional que encara nuevos objetivos. Entre ellos destacan la captación de fuentes de financiación externas, ya sea a través de la investigación, la transferencia, políticas de *fundraising,* o la aspiración a distinguirse a través de un cribado de los títulos ofrecidos en función de las nuevas demandas surgidas del mercado laboral y reflejadas en los potenciales estudiantes (Escribá, Iborra y Safón, 2019).

La propia expresión, «universidades de alto desempeño», se ofrece como punto de interés en el análisis. La intención de neutralidad no logra ocultar la dureza del mensaje, en todo caso lo endulza, para algunos oídos: hay universidades de primera y de segunda categoría según marquen los indicadores de evaluación. A partir de aquí, se incita a la misma lectura errónea propiciada por el neoliberalismo: así como cada individuo vive mejor o peor, tiene más o menos propiedades, sueldo y bienestar en función de su esfuerzo, así también hay universidades donde los profesores son mejores, investigan más y mejor. De modo que si la lectura ha sido tradicionalmente errónea en el primer caso debido a la falta de igualdad de oportunidades, lo mismo cabe comprobar ahora, con una mínima observación, cuando se comparan recursos y entornos socioeconómicos tan diferentes como los que rodean a las universidades de mayor o de menor desempeño. La comparación llega a ser tan absurda que es como si a un equipo de fútbol de tercera división se le exigiera el mismo rendimiento que a otro de primera. La formación de circuitos de diferentes velocidades que comienzan a formarse en países como España e Italia, dentro de la senda marcada por el Espacio Europeo de Educación Superior, comienza a ser observada y criticada. Las universidades de mayor desempeño acaban atrayendo más primas o subvenciones de investigación (Borrelli, 2020: 311). En Italia, tal vez movidos por la especial conciencia que supone la asociación del «nuevo» modelo de universidad con Bolonia, se publican manifiestos como *Desintossichiamoci-Sapere per il futuro*[12], criticando la

---

[12] https: //www.roars.it/online/wp-content/uploads/2020/02/Sapere-per-il-futuro-documento-1-2.pdf

creciente jerga técnica-gerencial y burocrática obsesionada con el eficientismo mensurable.

La crisis de la universidad es lo suficientemente global y profunda como para que se se reconozca que el único consenso sobre su futuro es la enorme incertidumbre en la que nos encontramos (Izak, Kostera y Zawadzki, 2017: 9).Las instituciones de educación superior podrían estar abocadas en un futuro próximo, al menos en ciertos lugares, a un colapso parecido al sufrido por el sector de la banca o la vivienda. En esta tendencia debe reconocerse la responsabilidad de las nuevas plataformas tecnológicas de información, comunicación y formación. La educación on-line reforzaría esa tendencia (Alvesson, Gabriel y Paulsen, 2017: 143). Una tendencia caracterizada por el incremento de la falta de sentido de la investigación científica, explicada a su vez por varios factores entre los que se encuentra la organización de la carrera académica centrada en las publicaciones estandarizadas más que en la labor docente o en la falta da convencimiento acerca de los objetivos declarados por la ciencia para solucionar los problemas sociales.

El declive del modelo humanístico marca el declive del humanismo del Otro y del pensar meditativo.

Episodios críticos como la pandemia de COVID-19 estimulan la publicidad de universidades on-line que se alimentan del clima liberalizador anterior. De este modo, se superpone el debate sobre la enseñanza virtual. Así como la digitalización conduce a la brecha que califica para dar cuenta de las desigualdades que genera, la virtualización de la educación ofrece el mismo riesgo pero acentuado por la tendencia a la privatización. A ello habría que añadir dos impactos más, uno sobre el propio sistema pedagógico y el otro sobre la vida universitaria en general. En cuanto al primero, se ven claramente afectados aspectos básicos como la resolución de dudas y los debates académicos. Si un profesor detecta en el «rostro» de sus estudiantes incomprensión, puede repetir la idea de otro modo. De igual forma, una duda individual planteada en público puede ayudar a otros alumnos a entender el objeto de la explicación. En el aula virtual estos «complementos» pedagógicos se pierden. De hecho, la fórmula de la presencialidad segura que hemos podido experimentar a principios del curso 2029-21, con el uso de mascarillas, confirma esta sospecha. Es algo que puede comprobar cualquier persona que se dirija a una audiencia embozada, «sin rostro».

En los debates, la presencia física aporta un plus de emociones que se transmiten en el aula, momentos de tensión y de distensión, enriquecidos con anécdotas compartidas que no pueden aderezar el plato del aula virtual. Se forma una atmósfera propicia para la tormenta de ideas, para los *insigths*. Levinas usa una metáfora con trasfondo religioso: la comunicación entre espíritus lleva a la revelación total de la palabra divina, equivalente a un martillo que golpea la roca haciendo saltar múltiples fragmentos (2013: 163). Las esquirlas son las aportaciones de los miembros presenciales en el debate. Separados, o conectados desde sus casas en otro tipo de comunicación, no habrían podido «soltarlas». Sin el motor de la sugestión del grupo presencial, no se les habría ocurrido su parte de la verdad.

El papel de la palabra es el papel de la enseñanza, sugiere Levinas (2013: 189). En la dimensión de la palabra se encuentran alumno y maestro reproduciendo el encuentro básico con el Otro. La palabra es el centro de la vida universitaria. «Primacía de la palabra escuchada», añade Levinas. Y es que entre la escucha y el silencio nace la palabra. La palabra es la puerta del silencio. La palabra se toma su tiempo. El silencio, compañero inseparable de la palabra, es la encarnación del tiempo, más en concreto, del tiempo fuera del tiempo, del tiempo que activa el modo de pensar poético. Allí donde se pierde el silencio se pierde el tiempo. Quienes no tienen tiempo, difícilmente viven el silencio. En nuestro tiempo, es proverbial la falta de tiempo y de silencio, valores claves para el filósofo que confiesa haber aprendido durante sus años de cautiverio. ¿Cómo podremos aprenderlos nosotros en una sociedad que parece la antítesis de un campo de concentración, aunque nos hallemos bombardeados igualmente día y noche por los estímulos electrónicos, alejados del sacrificio y de la naturaleza, de la sencillez y de la cara reconfortante de la soledad? ¿Habrá servido la experiencia de los confinamientos por la pandemia de COVID-19 para aprender lo que aprendió Levinas?

La misión de la universidad en el siglo XXI es la de servir de ejemplo de la responsabilidad ética para toda la sociedad. La universidad debe ser la avanzadilla del humanismo del Otro y para ello debe comenzar trabajando el bienestar de la comunidad universitaria a través del encuentro personal alrededor de la palabra recuperada, su sombra trascendental, su perfil de mantra.

La irrupción de las nuevas tecnologías de la comunicación en el aprendizaje no parece favorecer el sutil, mágico y fructífero encadenamiento del silencio y la palabra durante el encuentro expectante entre los rostros del profesor y el alumnado. Uno se encuentra con la escena de estudiantes cabizbajos escribiendo en sus portátiles, como taquígrafos concentrados en captar todos los detalles de una noticia –la enseñanza convertida en pura transmisión de información–. Las teclas aporreadas impiden la complicidad de los silencios que jalonan las palabras, crean una muralla que la idea no logra atravesar para impactar en mentes y corazones. Algunos de esos teclados reciben nombres curiosos, como *mariposa*, aunque recuerdan mucho más al búfalo. Realmente recrean la atmósfera de una fábrica más que la de un espacio de meditación. Convertir en dictado el habla del profesor es tan absurdo como que el profesor repita lo que ha escrito. De ahí que en siglos pasados estuviera prohibido tanto tomar apuntes como dar clase amparándose en papel alguno (Alejo Montes, 2007: 27). «El libro es una cosa», observa Levinas, pero, «para ser enseñanza, tiene que haber una persona que hable. El Otro es, pues, la condición misma de la enseñanza. Sin esto, el pensamiento no es más que un objeto» (2013: 279).

Sabemos que Levinas no ciño sus escritos al ámbito educativo. Pero su obra tiene un clara implicación en la materia (Chinnery, 2018). En este trabajo, hemos intentando aportar nuestro grano de arena en esa dirección. Levinas no genera instrucciones pedagógicas directas pero es capaz de inspirar y mostrar, sobre todo si tenemos en cuenta autores que lo complementan desde el punto de vista sociológico, como Bauman, formas de lograr un cambio social que lleve a un sistema de enseñanza y, en definitiva, a una sociedad más consciente de su vulnerabilidad, más sensible y solidaria. Necesitamos un planeta sostenible a través del respeto a la diferencia.

Bibliografía

Aguirre, J. y Jaramillo, L. (2010). «Críticas de Levinas al primado husserliano de la conciencia intencional». *Revista de Filosofía*, 66, pp. 51-70.

Alejo Montes, F. J. (2007). *La docencia en la Universidad de Salamanca en el Siglo de Oro*. Salamanca: Ediciones de la usal.

Alonso Benito, Luis Enrique. «¿Gobierno o gestión? El Estado remercantilizador y la crisis de lo social». *Encrucijadas: Revista Crítica de Ciencias Sociales* 1 (2011): 7-12.

Alonso Martos, A. (2008). Introducción. En, Alonso Martos (ed.). *Emmanuel Levinas. La filosofía como ética*. Valencia: puv.

Althusser, L. (2005). *La filosofía como arma de la revolución*. Madrid: S. xxi.

Alvesson, M., Gabriel, Y. y Paulsen, R. (2017). *Return to meaning. A Social Science with Something to Say*. Oxford: oup.

Arias Maldonado, M. (2019) «Transhumanismo, posthumanismo, Antropoceno: notas sobre la humanidad vertiginosa». *Pasajes* 57, 29-36.

Atterton, P. (2011). «Levinas and Our Moral Responsibility Toward Other Animals». *Inquiry*, 54: 6, 633-649, doi: 10.1080/0020174X.2011.628186

Auchter, Th. (1978). *Crítica de la pedagogía antiautoritaria*. Madrid: Atenas.

Ballesteros J. C, Megías E, y Rodríguez E. (2020). *Ocio y modelos de vida. La inevitable consolidación de las tecnologías en el tiempo libre de la juventud*». Madrid: Centro Reina Sofía sobre Adolescencia y Juventud. doi: 10.5281/zenodo.3670581

Barraca Mairal, J. (2018). *Levinas y los Derechos Humanos como deudas con el otro*. Madrid: Avarigani.

Barthes, R. (2005). *La preparación de la novela*. México: Siglo xxi. Baudrillard J. (2001), *La transparencia del mal*, Barcelona: Anagrama.

Bauman, Z. (1992). *Libertad*. Madrid: Alianza.

Bauman, Z. (1993). *Postmodern Ethics*. London: Blackwell.

Bauman, Z. (1994). *Alone again: Ethics after Certainty*. London: Demos.

Bauman, Z. (1997). *Modernidad y holocausto*. Madrid: Sequitur.

Bauman, Z. (1998). *Globalization*. Cambridge: Polity Press.

Bauman, Z. (2000). *Modernidad líquida*. México: fce.

Bauman, Z (2011). *Daños colaterales*, México: fce.

Bilbeny, N. (2015). *Justicia compasiva. La justicia como cuidado de la existencia*. Madrid: Tecnos.

Bourdieu, P, y J. C. Passeron (2008). *La reproducción. Elementos para una teoría del sistema de enseñanza*. Madrid: Editorial Popular.

Bourdieu, P. (2011). *Capital cultural, escuela y espacio social*. Madrid: Siglo xxi.

Buber, M (1977). *Utopie et socialisme*. Paris: Albier Montaigne.

Cabrera, Leopoldo (2020). «Efectos del coronavirus en el sistema de enseñanza: aumenta la desigualdad de oportunidades educativas en España». *Revista de Sociología de la*

Educación-RASE, 13 (2) Especial, COVID-19, 114-139. http: //dx.doi.org/10.7203/RASE.13.2.17125.

CALIN, R. y CHALIER, C. (2013). «Prefacio», en Levinas, E. (2013). *Escritos inéditos I*. Madrid: Trotta.

CASTRO SERRANO, B. y GUTIÉRREZ OLIVARES, C. (2017). Intervención social y alteridad: una aproximación filosófica desde Lévinas. *Andamios* 14 (33), 217-239.

COMENIO, J. A. (1986). *Didáctica Magna*. Madrid: Akal.

CONESA, D. (2010). «Urimpression husserliana y diacronía levinasiana: ¿continuidad o ruptura?» *Revue philosophique de la France et de l'étranger*, tome 135(4), 435-454. doi: 10.3917/rphi.104.0435.

CHILLÓN, J. M. (2019). *Serenidad. Heidegger para un tiempo postfilosófico*. Granada: Comares.

CHINNERY, A. (2018). Emmanuel Levinas, autonomy and education. En P. Smeyers (Ed.). *International Handbook of Philosophy of Education*. Dordrecht, NL: Springer Press.

DERRIDA, J. (1989). *La escritura y la diferencia*. Madrid: Anthropos.

DERIDA, J. (1977). *Posiciones*. Valencia: Pre-Textos.

DIÉGUEZ, A. (2017). *Transhumanismo. La búsqueda tecnológica del mejoramiento humano*, Barcelona, Herder.

DOMÍNGUEZ REY, A. (2001). Introducción. En E. Levinas: *La realidad y su sombra. Libertad y mandato, Trascendencia y altura*. Madrid: Trotta.

DOWNES, D. y ROCK, P. (1998). *Understanding Deviance*. Oxford: OUP.

DURKHEIM, W. (2003). El suicidio. Madrid: Akal.

ESCALANTE, F. (2016). *Historia mínima del neoliberalismo*. México: Colegio de México.

ESCOBAR GUERRERO, M. (2012). *Pedagogía erótica. Paulo Freire y el EZLN*. México.

ESCRIBÁ, A., IBORRA, M, y SAFÓN, V. (2019). *Modelos de dirección estratégica en universidades españolas de alto desempeño*. Bilbao: Fundación BBVA.

Epicteto (2018). *Un manual de vida*. Mallorca: J. de Olañeta.

fao (2019). *El estado de la seguridad alimentaria y la nutrición en el mundo*, de 2019. Roma: fao.

Fadanelli, M. y otros (2013). «Bullying hasta la muerte. Impacto en el suicidio adolescente». *Revista del Hospital de Niños de Buenos Aires*, v. 55, nº 249, 127-135.

Fernández Enguita, M. (2017). *Más escuela y menos aulas*. Valencia: Morata.

Fichte (1985). *Discursos a la nación alemana*. Barcelona: Orbis.

Former, R. y Gómez, A. (1983). «Filosofía, justicia y amor (Entrevista con Emmanuel Levinas)» *Revista Concordia*, 3, 59-73.

Foucault, M. (1992). *Historia de la sexualidad. V.1. La voluntad del saber*. Madrid: Siglo xxi.

Freud. S. (1981). *Psicología de masas y otros ensayos*. Madrid: Alianza.

Freud, S. (2011). *Psicopatología de la vida cotidiana*. Madrid: Alianza.

Freire, P. (1973). *La educación como práctica de la libertad*. Buenos Aires: Siglo xxi.

Freire, P. (1988). *Pedagogía del oprimido*. Madrid: Siglo xxi.

Freire, P. (1997). *Professora sím, tía não. Cartas a quemo usa ensinar*. Sao Paulo: Olho d'agua.

Freire, P. (2004). *Pedagogía de la autonomía*. Sao Paulo: Paz e Terra.

Fromm, E. (1984). *El miedo a la libertad*. Paidós: Buenos Aires.

García González, J. A. (2001). *Introducción a la filosofía de Levinas*. Pamplona: Universidad de Navarra.

Gaulejac, V. de. (2019). *Neurosis de clase*. Gijón: Sapere Aude.

Giddens, A. (2000). *Un mundo desbocado*, Barcelona: Taurus.

Gil Villa (1994). *Sociología del profesorado.* Barcelona: Ariel.

Gil Villa (2001). *Individualismo y cultura moral.* Madrid: cis.

Gil Villa (2004). *Sociología del crimen y la desviación.* Valencia: Tirant lo Blanch.

Gil Villa (2018). *Introducción a las teorías criminológicas. Por qué rompemos con la norma.* Madrid: Tecnos.

Gil Villa (2018). *Canción de entretiempo.* Madrid: Apeiron.

Gil Villa, F. (2016). *La sociedad vulnerable.* Madrid: Tecnos.

Gil Villa (2020). *El bullying que no cesa. Las bases de la violencia escolar.* Barcelona: Octaedro.

Gil Villa (2020). *En busca de la felicidad. El Sistema Proust.* Salamanca: eusal.

Gil Villa (1998). *El mundo como desilusión. La sociedad nihilista.* Madrid: Libertarias.

Goffman, E. (2009*). Presentación de la persona en la vida cotidiana.* Buenos Aires: Amorrortu.

Goffman E. (1963) *Estigma.* Buenos Aires: Amorrortu.

Hand, S. (1994). *The Levinas Reader.* Oxford: Blackwell.

Harari, NY (2017). *Homo Deus,* Barcelona: Debate.

Heidegger, M. (2002). *Serenidad.* Barcelona: Ediciones del Serbal.

Heidegger, M. (1983). *Interpretaciones sobre la poesía de Hölderlin.* Barcelona: Ariel.

Herrero Hernández, F. J. De H. a L. (2005). *Un camino en la fenomenología.* Salamanca: Ediciones de la ups.

Husak, D. (2013). Sobrecriminalización. Madrid: Marcial Pons.

Izak, M., Kostera, M. y Zawadzki, M. (2017). Introduction. The Future of University Education. En Izak, M., Kostera, M. y Zawadzki, M. (eds.). *The Future of University Education.* London: Palgrave Macmillan.

Jaeger, W. (2001). *Paidea.* México: fce.

JARAMILLO y otros. (2018). «Acogida y proximidad: algunos aportes de Emmanuel Levinas a la educación». *Actualidades investigativas de educación* 18, 1, 1-16.

DE JESÚS, Teresa (1988). *Camino de perfección*. Burgos: Monte Carmelo

KANT, I. (1983). *Pedagogía*. Madrid: Akal.

KAFKA, F. (2004). *Obras completas*, V. 2. Madrid: RBA.

KLYMENCO, R. (2019). «Artificial Evolution in Transhumanism». *Acta Baltica Historiae et Philosophiae Scientiarum*, 7, 3, 139-146.

KIM, Y. S., LEVENTHAL, B. (2008). Suicide and bullying. A review. *International Journal of Adolescent Medicine and Health*, 20, 133-154.

LANGA, D. y Río, M. A. (2013). «Los estudiantes de clases populares en la universidad y frente a la universidad de la crisis: persistencia y nuevas condiciones para la multiplicación de la desigualdad de oportunidades educativas», *Témpora*, 16.

LERENA, C. (1983). *Reprimir o liberar*. Madrid: Akal.

LERENA, C. (1991). *Escuela, ideología y clases sociales en España*. Barcelona: Ariel.

LEVINAS, E. (1972). *Humanisme de L'Autre Homme*. Montepellier: Fata Morgana.

LEVINAS, E. (1976). *Difficile Liberté*. Paris: Albin Michel.

LEVINAS, E. (1977). Préface, en Buber, M. Utopie et socialisme. Paris: Albier Montaigne.

LEVINAS, E. (1985). *Éthique et infini*. París: Fayard.

LEVINAS, E. (1987). *Fuera del sujeto*. Madrid: Caparrós.

LEVINAS, E. (1990). «La ética», en Casado, J. y Agudíez P. (Comps.). *El sujeto Europeo*. Madrid: Editorial Pablo Iglesias.

LEVINAS, E. (1997). *De lo sagrado a lo santo. Cinco nuevas lecturas talmúdicas. Barcelona: Riopiedras*.

LEVINAS, E. (1999). *De otro modo de ser o más allá de la esencia*. Salamanca: Sígueme.

Levinas, E. (2000). *De la existencia al existente*. Madrid: Arena Libros.

Levinas, E. (2001a). *La realidad y su sombra. Libertad y mandato, Trascendencia y altura*. Madrid: Trotta.

Levinas, E. (2001b). *Entre nosotros. Ensayos para pensar en otro*. Valencia: Pre-textos.

Levinas, E. (2001c). *De Dios que viene a la idea*. Madrid: Caparrós.

Levinas, E. (2002). *Totalidad e infinito*. Salamanca: Sígueme.

Levinas, E. (2008). «La asimetría del rostro. Entrevista a Emmanuel Levinas», por Guwy, F., En Alonso Martos (ed.). *Emmanuel Levinas. La filosofía como ética*. Valencia: PUV.

Levinas, E. (2013). *Escritos inéditos I*. Madrid: Trotta.

Levinas, E. (2020). Entrevista con Emmanuel Levinas por Florian Rötzer en 1986. *Anales Del Seminario De Historia De La Filosofía*, *37*(1), 137-141. https://doi.org/10.5209/ashf.66211

Llovet, Jordi. *Adiós a la universidad. El eclipse de las humanidades*. Barcelona: Galaxia Gutemberg/El Círculo de lectores, 2011.

Locke, J. (1986). *Pensamientos sobre la educación*. Madrid: Akal.

López Ibor, J. J. (1968). *Rasgos neuróticos del mundo contemporáneo*. Madrid: Ediciones Cultura Hispánica.

Luhmann, N. (1997). *Sociedad y sistema: la ambición de la teoría*. Barcelona: Paidós/ICE-UAB.

Maguire, M. y McVie, S. (2017). «Crime Data and Criminal Statistics: A Critical Reflection». En *The Oxford Handbook of Criminology*, editado por Alison Liebling, Shadd Maruna y Lesley McAra. Oxford: O.U.P.

Mate, R. y Mayorga, J. (2002). «Los avisadores del fuego»: Rosenzweig, Benjamin y Kafka». En Mate, R. (ed.) La filosofía después del Holocausto. Zaragoza: Riopiedras.

Medina, J. (2010). *¿El Mesías soy yo? Introducción al pensamiento de Emmanuel Levinas*. México: Conspiratio.

MEDINA, J. (2017). «Cuatro claves antropológicas en *Humanismo del otro hombre* de Emmanuel Levinas». *Veritas*, v. 62, n.º 1. pp. 4-16.

MEGÍAS, I. y RODRÍGUEZ, E. (2018). *Jóvenes en el mundo virtual: usos, prácticas y riesgos.*

MADRID: Centro Reina Sofía sobre Adolescencia y Juventud, Fad. DOI: 10.5281/zenodo.3638192

MÈLICH, J. C. (1998). «El tiempo y el deseo. Nota sobre una ética fenomenológica a partir de Levinas». *Enrahonar*, 28, 183.192.

MÈLICH, J. C. (2010). La zona sombría de la moral. En Mèlich, J. C. y Boixader, A. (eds.). *Los márgenes de la moral.* Barcelona: Grao.

MERTON, R. K. (1948). «The Self-Fulfilling Prophecy». *The Antioch Review*, Vol. 8, 2, 193-210.

MÍNGUEZ VALLEJOS, R. (2010). «La escuela hoy en la encrucijada. Hacia otra educación desde la ética de Levinas». *Teoría de la Educación*, 22, 46-61.

NEIL, A. S. (2014). *Summerhill.* México: FCE.

NIETZSCHE, F. (1984). *Obras inmortales.* Madrid: Edaf.

NIETZSCHE, F. (1990). El Anticristo. Madrid: Alianza.

NIZAN, P. (1976). *Los materialistas de la Antigüedad.* Madrid: Fundamentos.

OLWEUS, D. (1998). *Conductas y amenazas entre escolares.* Madrid: Morata.

PAZ, O. (2015). *El laberinto de la soledad.* Madrid: Cátedra.

PÉREZ VALLEJO, A. M. y PÉREZ FERRER, F. (2016). *Bullying, ciberbullying y acoso con elementos sexuales: desde la prevención a la reparación del daño.* Madrid: Dykinson.

PINKER, S. (2018). *En defensa de la ilustración.* Barcelona: Paidós.

READINGS, B. (1997). *The university in Ruins.* Boston: Harvard U. Press.

RENDUELLES, G. (2005). *Egolatría.* Oviedo: KRK.

REIMAN, J. (2001). *TheRichgetRicher and the Poor getPrison. Ideology, Class and Criminal Justice.* Boston: Pearson.

Restrepo, L. C. (1994). *El derecho a la ternura*. Bogotá: Arango.

Roldán, A. (2012). «La crítica de Emmanuel Lévinas al cristianismo en *Difícil libertad*, focalizada en los binomios justicia vs. piedad "espiritual" y Torá vs. Encarnación». *Franciscanum. Revista de las ciencias del espíritu*, Vol. LIV, n.º 57, 179-202.

Ross, B. (2020). *The Philosophy of Transhumanism. A Critical Analysis*. Bingley: Esmerald Group.Pub.

Sabine, G. (1981). *Historia de la teoría política*. Madrid: FCE.

Sahuquillo, I. (2112). «El fin de las identidades unívocas. Cosmopolitización e hibridación de la identidad a través de un caso histórico: los judíos centroeuropeos de la primera mitad del siglo xx». *REIS*, 18, 9-30.

Schatzman, M. (1977) *El asesinato del alma. La persecución del niño en la familia autoritaria*. Madrid: Siglo xxi

Tester, K. (1997). *Moral Culture*. London: Sage.

Toharia, M (1998). *Hijos de las estrellas*. Madrid: Temas de hoy.

Varela J. (1988). La educación ilustrada o cómo fabricar sujetos dóciles y útiles. *Revista de Educación*. Número Extra 1, 245-274.

Vázquez Moro, U. (1982). El discurso sobre Dios en la obra de E. Levinas. Madrid: UPCM.

De Vigny, A. (1867). *Journal d'un poete* (ed. De Louis Batisbonne). Paris: M. Lévy Fréres Editeurs.

Viñao Frago (1982). *Política y educación en los orígenes de la España contemporánea*. Madrid: Siglo xxi.

VV.AA. (1971). *Summerhill. Pro y contra*. México: FCE.

Wacquant, L. (2009). *Castigar a los pobres*. Barcelona: Gedisa.

Weber, M. (2002). *Economía y sociedad*. Madrid: FCE.

Willis, P. (2017). *Aprendiendo a trabajar*. Madrid: Akal.

Ziegler, J. (2010). *El hambre del mundo explicada a mi hijo*. Barcelona: El Aleph.